KLAUS W. GREWLICH

**Schutz gegen Willkür bei der Vergabe von
Forschungs- und Entwicklungsaufträgen**

Schriften zum Öffentlichen Recht

Band 191

Schutz gegen Willkür bei der Vergabe von Forschungs- und Entwicklungsaufträgen

Eine rechtliche Untersuchung der Beschaffungspraxis
der amerikanischen Raumfahrtbehörde (NASA)

Von

Dr. jur. Klaus W. Grewlich

D. E. S. en Droit Comparé
LL. M. (U. C. Berkeley)

DUNCKER & HUMBLOT / BERLIN

Alle Rechte vorbehalten
© 1972 Duncker & Humblot, Berlin 41
Gedruckt 1972 bei Buchdruckerei Richard Schröter, Berlin 61
Printed in Germany

ISBN 3 428 02722 1

Meinen Eltern

Vorwort

Die Arbeit hat der Rechtswissenschaftlichen Fakultät der Universität Freiburg i. Br. im Wintersemester 1971/72 als Dissertation vorgelegen. Beschaffungspraxis und Beschaffungsrecht der amerikanischen Raumfahrtbehörde (NASA) sowie das einschlägige Schrifttum und die Rechtsprechung sind bis Sommer 1971 berücksichtigt.

Mein besonderer Dank gilt Herrn Professor Dr. Bullinger, der meine Arbeit als Erstberichterstatter betreut hat. Danken möchte ich auch dem Zweitkorrektor, Herrn Professor Dr. v. Simson.

Zu Dank verpflichtet bin ich insbesondere den Leitern des Raumfahrtbeschaffungsamtes und der Rechtsabteilung der NASA sowie den Beschaffungsexperten im General Accounting Office, im Court of Claims, im House Committee on Government Operations des Kongresses und in der Aerospace Industries Association of America, die mir bei meinen Forschungen in Washington D.C. freundliche Hilfe geleistet haben. Danken möchte ich auch Herrn Professor John Coons, der mir während meines Studienaufenthaltes an der School of Law der University of California, Berkeley, manche wichtige Anregung geben konnte.

Während meiner Tätigkeit als wissenschaftlicher Assistent am Max-Planck-Institut für ausländisches öffentliches Recht und Völkerrecht in Heidelberg konnte ich Einzelprobleme dieser Arbeit vertiefen. Für die Hilfe und Förderung, die ich erfahren habe, darf ich den Direktoren des Instituts, Herrn Professor Dr. Mosler und Herrn Professor Dr. Bernhardt, meinen aufrichtigen Dank aussprechen.

Herrn Ministerialrat a. D. Dr. J. Broermann danke ich für die Aufnahme der Arbeit in die „Schriften zum Öffentlichen Recht".

Heidelberg, im März 1972

Klaus W. Grewlich

Inhaltsverzeichnis

Erster Teil

Einleitung und Fragestellung   15

Zweiter Teil

Politische und wirtschaftliche Grundlagen   20

I. Der politische und wirtschaftliche Bedeutungswandel des Staatsauftrages 20
II. Charakteristika der Forschungs- und Entwicklungsaufträge für die Weltraumfahrt 23
   1. Die vielen Ungewißheiten 24
   2. Kein Marktsystem im verkehrswirtschaftlichen Sinne 25
   3. Besondere Vergabeformen und Organisationstechniken 25
   4. Die wechselseitige Abhängigkeit von NASA und Raumfahrtindustrie sowie die Frage der militärisch-industriellen Interessenverflechtung 26

Dritter Teil

Rechtliche und organisatorische Grundlagen   30

I. Das amerikanische Bundes-Beschaffungsrecht 30
II. Beschaffungskompetenz und Organisation der NASA 32
   1. Beschaffungskompetenz 32
   2. Organisation 34
III. Formen der Vergabe von Staatsaufträgen 35
   1. Die beiden Grundformen der Beschaffung: Öffentliche Ausschreibung und Freihändige Vergabe sowie die Frage des Ausschlusses bestimmter Unternehmen von Staatsaufträgen 36
      a) Der Ausschluß bestimmter Unternehmen von Staatsaufträgen („Debarment") 36
      b) Die Öffentliche Ausschreibung („Formal Advertising") 38
      c) Die Freihändige Vergabe („Negotiation") 39
   2. Die Freihändige Vergabe unter Wettbewerbsbedingungen mit Bewertungsausschüssen („Source Evaluation Board Procedure") 41

a) Gründe für die Einrichtung des Bewertungsverfahrens 41
b) Der Ablauf des Verfahrens der Vergabe großer Forschungs- und Entwicklungsaufträge unter Beteiligung von Bewertungsausschüssen 42

IV. Die organisatorische Seite des Vergabeverfahrens für Forschungs- und Entwicklungsaufträge 46
  1. Das Verfahren der Planung und Durchführung von Projekten in Phasen 47
  2. Die Verzahnung von Beschaffungstechniken und Organisation 49

Vierter Teil

Schutz gegen Willkür 51

I. Schutz gegen Willkür im Vergabeverfahren 53
  1. Schutzmöglichkeiten nach dem Bundesverwaltungsverfahrensgesetz 54
    a) Kein gerichtsähnliches Anhörungsverfahren vor der Entscheidung über die Auftragsvergabe 55
    b) Keine Pflicht zur vorherigen Anzeige des Erlasses oder der Änderung von Beschaffungsverordnungen 58
    c) Das Recht auf Information 59
  2. Die in den Beschaffungsregeln der NASA enthaltenen Schutzmöglichkeiten 60
    a) Schutz im Verfahren der Öffentlichen Ausschreibung 61
    b) Schutz im Verfahren der Freihändigen Vergabe unter Wettbewerbsbedingungen mit Bewertungsausschüssen 63
      aa) Die Frage des „Wettbewerbsbereiches" 63
      bb) Schutz gegen abredewidrige Verwendung technischer Daten 65
      cc) Das Problem des Informationsvorsprunges 66
      dd) „checks and balances" im Bewertungsverfahren 67

II. Schutz durch den Bundesrechnungshof 69
  1. Die Aufgaben des Bundesrechnungshofes 69
  2. Die Entscheidung über Beschwerden prospektiver Auftragnehmer als besondere Aufgabe des Bundesrechnungshofes 71
    a) Das Verfahren der Entscheidung über Beschwerden 72
    b) Die Frage der Bindung der Beschaffungsbehörden an die Entscheidungen des Bundesrechnungshofes 72
  3. Umfang und Grenzen des durch den Bundesrechnungshof gewährten Schutzes 73

III. Schutz durch die Bundesgerichte 77
  1. Die Frage der Klagebefugnis 80
    a) Der Hintergrund der Lehre von der mangelnden Klagebefugnis prospektiver Auftragnehmer 83
    b) Die Erosion der „standing"-Doktrin: von der „Perkins"-Entscheidung zum „Scanwell"-Fall 85
    c) Entscheidungen, die auf „Scanwell" aufbauen 90

    d) Die Lehre vom „private attorney general": die Interessen-
       verdoppelung des prospektiven Auftragnehmers 93
 2. Umfang und Grenzen des durch die Bundesgerichte gewährten
    Schutzes 97
    a) Klagearten und ihre Erfolgsaussicht, untersucht an Hand von
       „Scanwell" 98
    b) Der Umfang des gerichtlichen Schutzes für prospektive Auftrag-
       nehmer von Forschungs- und Entwicklungsaufträgen 99
IV. Schutz durch bestimmte Ausschüsse des Kongresses 101
 1. Formen der Kontrolle der NASA durch den Kongreß 101
 2. Der Umfang des Schutzes 103

Fünfter Teil

Zusammenfassung und Ergebnis   104

Literaturverzeichnis   107

Abkürzungen

I. Erläuterungen

Bei den amerikanischen Abkürzungen wurde im allgemeinen das „Uniform System of Citation" (herausgegeben von The Harvard Law Review Association, 11. Aufl., Cambridge/Mass., 1967) beachtet; die Zitierweise wurde jedoch in einigen Punkten den deutschen Verhältnissen angepaßt.

Die amerikanischen Bundesgesetze wurden nach dem „United States Code" zitiert, der dem deutschen Bundesgesetzblatt, Teil III, entspricht: z. B. bedeutet 10 U.S.C. § 2304: „United States Code", Bd. 10 § 2304. Der „United States Code Annotated" (U.S.C.A.) hat die gleiche Numerierung wie der „United States Code", enthält aber Anmerkungen, vor allem Hinweise auf Entscheidungen, in denen das betreffende Gesetz ausgelegt wird.

Die amerikanischen Bundesrechtsverordnungen werden nach dem „Code of Federal Regulations" (C.F.R) zitiert: z. B. bedeutet 16 C.F.R. § 161.11: „Code of Federal Regulations", Bd. 16, § 161, Abs. 11. Die Beschaffungsverordnung der „National Aeronautics and Space Administration" (NASA) und des „Department of Defense" (DOD) werden, obwohl auch in den 41. Titel des C.F.R. aufgenommen, nach den offiziellen Ausgaben der NASA, bzw. des DOD, zitiert, als „NASA Procurement Regulation" (NASA PR), bzw. „Armed Services Procurement Regulation" (ASPR): z. B. bedeutet NASA PR 3.804-3: NASA Procurement Regulation, Teil 3, Nr. 804-3. Die Beschaffungsrichtlinien („Procurement Regulation Directives") und Organisationsanordnungen („Management Instructions") der NASA werden nach Nummer und Erscheinungsjahr zitiert: z. B. als „NASA Management Instruction" 510113, Sept. 1, 1965. Die Richtlinien („Guidelines") und Handbücher („Manuals") der NASA werden ebenfalls nach Nummer und Erscheinungsjahr zitiert.

Die Entscheidungen des Supreme Court werden folgendermaßen zitiert: Perkins v. Lukens Steel Co., 310 U.S. 113 (1940), was bedeutet „United States Supreme Court Reports", Bd. 310, S. 113 (1940). *Die Entscheidungen der mittleren und unteren Bundesgerichte* werden im „Federal Reporter" veröffentlicht. Dabei steht „Fed." für „Federal Reporter" und „F.2d" für die zweite Folge des „Federal Reporter", die 1924 beginnt. Oft wird auch das entscheidende Gericht angegeben: z. B. bedeutet das Zitat Scanwell Laboratories, Inc. v. Shaffer, 424 F.2d 859 (D.C. Cir. 1970), daß der Fall vom mittelinstanzlichen Bundesgericht für den „District of Columbia Circuit" entschieden wurde und in der zweiten Folge das „Federal Reporter" veröffentlicht wurde. Ab 1933 erscheinen die Entscheidungen der erstinstanzlichen Bundesgerichte („Federal District Courts") in getrennten Bänden, nämlich dem „Federal Supplement" (F.Supp.). Die Entscheidungen des U.S. Court of Claims" werden in „F.2d" oder in „F.Supp." veröffentlicht. Diejenigen Entscheidungen, welche zum Zeitpunkt des Abschlusses dieser Arbeit noch nicht im „Federal Reporter" verfügbar waren, werden nach Gericht, Aktenzeichen und Datum zitiert.

Abkürzungen

Ein Teil der *Entscheidungen des „Comptroller General"* werden in einer besonderen Sammlung veröffentlicht, die vom „General Accounting Office" (GAO) (dem amerikanischen Bundesrechnungshof, dessen Präsident der „Comptroller General" ist) herausgegeben wird. Zitiert werden diese Entscheidungen wie Gerichtsentscheidungen, z. B. 44 Comp.Gen. 221 (1964). Die nichtveröffentlichten Entscheidungen des „Comptroller General" werden nach Aktenzeichen und Daten zitiert: z. B. B-157150, Jan. 19, 1966.

Die Anhörungen vor den Ausschüssen des Kongresses („committees"), d. h. des Senats und des Repräsentantenhauses, werden in folgender Form zitiert: z. B. Hearings on H.R. 474 before the Subcommittee of the House Committee on Government Operations, 91st Cong., 1st Sess., pt.1, S. 222 (1969), was bedeutet, daß es sich um Anhörungen über die Gesetzesvorlage 474 des Repräsentantenhauses vor einem Unterausschuß des ständigen Ausschusses des Repräsentantenhauses für „Government Operations" während der ersten Sitzungsperiode des 91. Kongresses handelt.

Zeitschriftenliteratur wird ähnlich wie Gerichtsentscheidungen zitiert: z. B. Whelan, John: A Government Contractors Remedies: Claims and Counterclaims, 42 Virginia L.Rev. 301 (1956) bedeutet: Virginia Law Review, Bd. 42, S. 301 (1956).

II. Abkürzungsverzeichnis

A.B.A.	= American Bar Association; Zusammenschluß amerikanischer Anwälte auf Bundesebene
APA	= Administrative Procedure Act; Bundesverwaltungsverfahrensgesetz von 1946
ASPR	= Armed Services Procurement Regulation; Beschaffungsverordnung für die Streitkräfte von 1962 mit 25 Novellen; vgl. oben die Erläuterungen zu den Abkürzungen
BMBW	= Bundesministerium für Bildung und Wissenschaft
cert. denied	= Certiorari denied; der Revisionsantrag an den Supreme Court ist abgelehnt worden
C.F.R.	= Code of Federal Regulations
Ct.Cl.	= Court of Claims; besonderes Bundesgericht, insbes. für Geldforderungen gegen die USA
Comp.Gen.	= Comptroller General; Präsident des Bundesrechnungshofes
Cong.	= Congress
DOD	= Department of Defense
FE	= Forschung und Entwicklung
DVBl.	= Deutsches Verwaltungs Blatt
GAO	= General Accounting Office; Bundesrechnungshof
GfW	= Gesellschaft für Weltraumforschung; vertritt das BMBW bei der Vergabe von Aufträgen für die Weltraumforschung
House of Repr.	= House of Representatives; Repräsentantenhaus des Kongresses
L.Rev.	= Law Review
L.J.	= Law Journal
NASA	= National Aeronautics and Space Administration; amerikanische Raumfahrtbehörde

NASA PR	=	NASA Procurement Regulation; Beschaffungsverordnung der NASA; vgl. oben die Erläuterungen zu den Abkürzungen
R & D	=	Research and Development; Forschung und Entwicklung
SEB	=	Source Evaluation Board
U.S.	=	United States Supreme Court Reports; vgl. oben die Erläuterungen zu den Abkürzungen
U.S.C.	=	United States Code; vgl. oben die Erklärungen zu den Abkürzungen
U.S.C.A.	=	United States Code Annotated; vgl. oben die Erläuterungen zu den Abkürzungen
VOL/A	=	Verdingungsordnung für Leistungen Teil A

Erster Teil

Einleitung und Fragestellung

In privatwirtschaftlich organisierten Industriestaaten, wie den USA und der Bundesrepublik Deutschland, die ihre Spitzenstellung an der Front der technischen Entwicklung halten möchten oder zumindest im Gleichschritt mit dieser Entwicklung voranzuschreiten wünschen, sind die staatlichen Organisationen in zunehmendem Maße gezwungen, solche großen Forschungs- und Entwicklungsvorhaben[1] zu fördern, deren Risiko und Kosten die Möglichkeiten selbst der leistungsfähigsten Industrieunternehmen übersteigen. Die Förderungsmaßnahmen können auf dem Gebiet der Finanzierung einzelner Entwicklungen sowie der Übernahme großer Teile des Finanzierungsrisikos liegen. Die Förderung kann aber in bestimmten Fällen so weit gehen, daß das ganze FE-Vorhaben in staatlichem Auftrage ausgeführt wird[2].

Das ist sowohl in den USA als auch in der Bundesrepublik Deutschland bei den Großprojekten der Weltraumforschung der Fall, bei denen es um die Schaffung von Systemen geht[3].

Ein System, das z. B. den erfolgreichen Einsatz von Meßinstrumenten oder Astronauten gewährleisten soll, ist ein abgeschlossenes Ganzes, das ohne Hilfe von außen operierbar ist. So gehören zum System eines wissenschaftlichen Satelliten, außer den Satelliten selbst, das Trägerfahrzeug, die Starteinrichtungen, die Bodenanlagen und das gesamte geschulte Personal zur Bedienung und Wartung dieser Anlagen[4].

Die Aufgabe der Entwicklung und des Aufbaues dieser Systeme fällt meistens der privatwirtschaftlichen Industrie zu; die Steuerung und

---

[1] Im folgenden abgekürzt als FE. Zum Begriff von FE, vgl. Novick, What do we mean by Research & Development?, 3 California Management Review, 5 ff. (1960).
[2] Arbeitskreis Management, Empfehlungen zum Management von Großprojekten, 1969, S. 3.
[3] Zur Zukunft der amerikanischen Raumfahrt, vgl. US Congress, Manned Space Flight, Present and Future, Staff Study for the Subcommittee on NASA Oversight of the Committee on Science and Astronautics, House of Representatives, 91st Cong., 2d Sess., Serial K (1970); für die Weltraumprojekte der Bundesrepublik Deutschland, vgl. Weltraumprogramm der Bundesrepublik Deutschland 1969—1973, herausgegeben vom Bundesministerium für Bildung und Wissenschaft, Bonn 1970.
[4] Arbeitskreis Management, aaO., S. 5 ff.

Kontrolle dieser Entwicklungen durch ein entsprechendes Projektmanagement und die Operation der entwickelten Systeme wird als Aufgabe staatlicher Stellen betrachtet. Beim Aufbau der Systeme und bei der Beschaffung der hierzu notwendigen Geräte wird der Staat zum Auftraggeber und die einschlägige Industrie zum Auftragnehmer. Der Kreis der Unternehmen, die für große FE-Projekte in Frage kommen, ist sowohl in den USA als auch in derBundesrepublik begrenzt. Die einzelnen Aufträge werden in einem komplizierten Verfahren an die Industrie vergeben[5].

Aus zwei Gründen, die sowohl das „öffentliche Interesse"[6] als auch die Interessen der einschlägigen Industrie im Auge haben, ist es wünschenswert, daß die Unternehmen der Raumfahrtindustrie über angemessene und wirksame Schutzmöglichkeiten gegen willkürliche[7] Entscheidungen im Verfahren der Vergabe von Staatsaufträgen verfügen:

(1) Die Raumfahrtindustrie hat sich in ihren Planungen auf die staatlichen Programme und Zielprojektionen für die Weltraumforschung und Raumtechnologie eingerichtet. Deswegen werden die Unternehmen der Raumfahrtindustrie in ihrem wirtschaftlichen Bestand zunehmend von staatlichen Aufträgen abhängig. Mit der wachsenden Abhängigkeit vom Staat wächst aber auch das Bedürfnis nach Schutz gegen Willkür staatlicher Stellen.

(2) Die technischen und organisatorischen Sachzwänge großer FE-Projekte bedingen enge Zusammenarbeit und wechselseitige Abhängigkeit zwischen

---

[5] In den USA werden die Staatsaufträge („government contracts") für die Weltraumforschung, insbesondere die FE-Aufträge („research & development contracts") von der „National Aeronautics and Space Administration" (NASA) vergeben. In der Bundesrepublik kommt diese Aufgabe dem „Bundesministerium für Bildung und Wissenschaft" (BMBW) zu, das durch die „Gesellschaft für Weltraumforschung" in Bad Godesberg (GfW) vertreten wird.

[6] Es gibt in der amerikanischen rechts- und politik-wissenschaftlichen Literatur zahlreiche Versuche, zu einer allgemein gültigen Definition des Begriffes „public interest" zu kommen. Auch im Hinblick auf die besondere Problematik der Staatsaufträge fehlt es nicht an solchen Versuchen, vgl. *Stover:* The Government Contract System as a Problem of Public Policy, 32 The George Washington L.Rev. 713 (1964). Wenn in dieser Arbeit vom „öffentlichen Interesse" die Rede ist, so geht es vor allem um das Interesse der Allgemeinheit daran, daß die 50 Milliarden Dollar, die jährlich im Rahmen von Beschaffungsvorgängen der amerikanischen Industrie zufließen, sowohl in ökonomischer Weise als auch in Übereinstimmung mit den einschlägigen beschaffungsrechtlichen Grundsätzen ausgegeben werden.

[7] Als willkürlich („arbitrary") werden im amerikanischen Recht solche Handlungen der Behörden bezeichnet, die deswegen rechtswidrig („unlawful") sind, weil sie von einem „reasonable man" als „capricious, nonrational, not founded in the nature of things, without fair, solid and substantial cause, that is without cause based upon the law" angesehen werden müssen. Vgl. U.S. v. Lotempio, 58 F.2d, 358 D.C.N.Y.; vgl. auch *Davis,* Discretionary Justice, A Preliminary Inquiry, Baton Rouge 1969, S. 29 ff.; ferner vgl. Wong Wing Hang v. Immigration & Naturalization Serv. 360 F.2d 715, 718 (2d Cir. 1966); vgl. die einschlägige Vorschrift im Bundesverwaltungsverfahrensgesetz („Administrative Procedure Act") 5 U.S.C. § 706 (2) (A).

Staat und Raumfahrtindustrie. Diese enge organisatorische Verflechtung von Staat und Wirtschaft kann zu einer Beeinträchtigung der Entscheidungsfreiheit der staatlichen Stellen führen und die Integrität des Planungs- und Vergabeverfahrens für FE-Projekte gefährden. Damit wird ein wichtiger Aspekt der Problematik der „militärisch-industriellen Interessenverflechtung" angesprochen[8]: Eine in hohem Maße von Staatsaufträgen abhängige Luft- und Raumfahrtindustrie, der keine wirksamen rechtlichen Schutzmöglichkeiten[9] gegen Willkür staatlicher Stellen zur Verfügung stehen, könnte insgesamt als wirtschaftliche Machtgruppe dazu neigen, dieses enge partnerschaftliche Verhältnis, das sie mit dem Staat verbindet, zu ihrem Vorteil auszunutzen[10]; zum anderen besteht die Gefahr, daß einzelne potente Unternehmen der Luft- und Raumfahrtindustrie das Vergabeverfahren zu ihrem Vorteil und zum Nachteil anderer Unternehmen zu beeinflussen suchen. Stehen dagegen allen Unternehmen wirksame Schutzmöglichkeiten rechtlicher Art zur Verfügung, so sind sie nicht ausschließlich auf fragwürdige Beeinflussungsmanöver innerhalb der wirtschaftlich-staatlichen Interessenverflechtung angewiesen. Vor allem können die Beschaffungsspezialisten dann jede zweideutige Kontaktaufnahme, mit dem Hinweis auf bestehende rechtliche Mechanismen und Verfahren zum Schutz gegen Willkür und zur Austragung von Konflikten, von vornherein zurückweisen.

An welche Schutzmöglichkeiten im Vergabeverfahren von Staatsaufträgen ist zu denken, und welche Einrichtungen sind geeignet, willkürlich behandelten Bewerbern um öffentliche Aufträge, sog. „prospektiven Auftragnehmern"[11], Schutz zu bieten? Zunächst ist zu prüfen, welche Möglichkeiten des Schutzes im Vergabeverfahren selbst liegen. Dann wäre auch der Schutz, der durch den Rechnungshof, die Gerichte und die einschlägigen Ausschüsse des Gesetzgebers gewährt wird, zu untersuchen. Dabei zeichnet sich die These ab, daß der wirksamste Schutz im Vergabeverfahren selbst liegen müßte: Berücksichtigt man nämlich einerseits die scharf kalkulierten Zeitpläne, welche den unerbittlichen Taktgeber des schnell voranschreitenden FE-Pro-

---

[8] Präsident *Eisenhower* prägte den Begriff „military industrial complex" in seiner Abschiedsansprache vom 18. Januar 1961: „... we must guard against the acquisition of unwarranted influence ... by the military-industrial complex ...", Public Papers of the Presidents of the United States, Dwight D. Eisenhower, 1930—1961, Washington 1961, S. 1038. Zum „military-industrial complex" gehören nicht nur die eigentlichen Waffenproduzenten, sondern insbesondere auch der ganze Block der Luft- und Raumfahrtindustrie („aero-space industry").
[9] Der Begriff des „Schutzes" wird weit gefaßt. Dazu gehören nicht nur Rechtsbehelfe, wie die Klage vor einem Gericht, der „protest" zum Rechnungshof und das „trial type hearing" vor der Beschaffungsbehörde, sondern auch prophylaktisch wirkende „checks and balances" oder sonstige rechtlich vorgesehene Einrichtungen zur Austragung von Konflikten. Zu den Formen des „Schutzes" im einzelnen, vgl. unten im Vierten Teil.
[10] d. h. zum Nachteil anderer, weniger gut repräsentierter Gruppen innerhalb des Staatsganzen.
[11] In der amerikanischen beschaffungsrechtlichen Literatur ist vom „prospective contractor" die Rede.

zesses bilden, und zieht man andererseits die Tatsache in Betracht, daß dem einzelnen prospektiven Auftragnehmer nur dann wirklich geholfen ist, wenn er diejenigen Aufträge erhält, die seinen wirtschaftlichen Bestand sichern[12], so wird klar, daß ein wirksamer Schutz vor allem im Verfahren selbst liegen, d. h. in den Vergabeprozeß eingebaut sein muß. Denn die Hilfe des Rechnungshofes, der Gerichte und des Gesetzgebers — sofern diese Einrichtungen überhaupt die Möglichkeit haben, dem einzelnen Unternehmen in irgendeiner Form zu helfen — dürfte im Falle einer bereits erfolgten willkürlichen Vergabeentscheidung meistens zu spät kommen. Der Auftrag ist vergeben, die Entwicklung bereits in vollem Gange.

In den USA ist das Bundes-Beschaffungsrecht (*„Federal Procurement Law"*) zu einem rechtlichen Sondergebiet geworden. Vom klassischen „law of contracts" ausgehend, ist der Staatsauftrag („government contract") weitgehend erforscht und in seiner Eigenständigkeit gegenüber dem „law of contracts" abgegrenzt worden[13]. Dagegen fehlt es an einer ausreichenden „öffentlich-rechtlichen"[14] Durchdringung des „government contract", die z. T. vom amerikanischen „Administrative Law"[15] auszugehen hätte. Es ist also keineswegs so, daß dem Rechtsvergleicher die gebratenen Tauben in den Mund fliegen. Vielmehr müssen die amerikanische Rechtslage und ihre konstruktiven Extrapolationen genauso ursprünglich erarbeitet werden, wie dies im Falle der Untersuchung der deutschen Rechtslage zu geschehen hätte[16].

---

[12] Dagegen liegt dem im Rahmen einer Beschaffung willkürlich behandelten Anbieter erst in zweiter Linie an Schadensersatz („damages") oder der Erstattung der Aufwendungen für die Herstellung des Angebots; dazu vgl. unten im Vierten Teil, III.

[13] Zu verweisen ist hier auf das „casebook" von *Nash* und *Cibinic*, Federal Procurement Law, 2. Aufl., Washington 1969.

[14] Die „öffentlichrechtlichen" Aspekte des „government contract" werden besonders betont in einem Aufsatz von *Whelan* und *Philipps*, Government Contracts: Emphasis on Government, 29 Law and Contemporary Problems, 345 (1964). Wenn der Ausdruck „öffentlichrechtlich" in dieser Arbeit gebraucht wird, so nicht im Sinne einer wertenden, kategorialen Unterscheidung im Gegensatz zu „privatrechtlich", sondern mehr im Sinne der Zuordnung zu zwei Wissenschafts- und Lehrgebieten, dazu vgl. *Bullinger*, Öffentliches Recht und Privatrecht, Stuttgart, Köln, Berlin, Mainz 1968, S. 116; ebenso zur Unterscheidung von „public law" und „private law" *Farnsworth*, An Introduction to the Legal System of the United States, New York 1963, S. 94.

[15] Zur Einführung in das „Administrative Law" vgl. *Riegert*, Das amerikanische Administrative Law, Eine Darstellung für deutsche Juristen, Berlin 1967.

[16] Ein Vergleich der amerikanischen beschaffungsrechtlichen Probleme im Bereich der Weltraumfahrt mit den deutschen Verhältnissen wäre deswegen besonders lohnend, weil die Untersuchung von ähnlichen Tatbeständen ausgehen könnte, da das BMBW, bzw. die GfW, die Management- und Beschaffungstechniken der NASA weitgehend übernommen haben; vgl. unten Fn. 51 und Fn. 70 im Dritten Teil.

Noch eine letzte einleitende Frage bleibt zu beantworten: Warum wird die Problematik des Schutzes gegen Willkür bei der Vergabe von Staatsaufträgen im amerikanischen Recht gerade am Beispiel der FE-Projekte[17] für die Weltraumfahrt untersucht? Auf diese Frage gibt es zwei Antworten: Zum einen ist es im Bereiche der zivilen Weltraumforschung, im Gegensatz zu verteidigungsorientierten FE-Programmen, verhältnismäßig einfach, an das Tatsachenmaterial zu gelangen, auf dem die rechtliche Analyse aufbauen kann[18]. Zum anderen gibt es, seitdem man von Industrienationen sprechen kann, jeweils ein führendes technisches Gebiet, das sich besonders befruchtend auf die technologische Weiterentwicklung, auf die Organisations- und Managementmethoden und auch auf die Rechtsentwicklung in denjenigen Staaten auswirkte, die das betreffende technische Gebiet beherrschen. Eine Zeitlang kam diese Rolle dem Eisenbahnwesen zu, dann der Automobilindustrie, der Elektronik und der Luftfahrt. Heute kommt sie der Weltraumfahrt zu. In der Tat haben die hohen Anforderungen, die an raumtechnologisches Gerät gestellt werden, zu besonders sorgfältig ausgearbeiteten Vergabetechniken und beschaffungsrechtlichen Vorkehrungen für FE-Aufträge geführt, die aber, trotz ihrer Komplexität, in zunehmendem Maße für den gesamten Bereich staatlich geförderter Forschung und für das Beschaffungswesen überhaupt typisch werden.

Im folgenden wird vor allem das *Verfahren der Vergabe von FE-Aufträgen*, d. h. nur der Prozeß vom Aufkommen der Projektidee bis zur endgültigen Vergabe des Auftrages („contract award") behandelt. Die Fragen der Vertragserfüllung und der „contract administration" sind nicht Gegenstand der Arbeit. Weiterhin kommt nur Bundesbeschaffungsrecht ("Federal Procurement Law") in Betracht; das Beschaffungsrecht der Einzelstaaten wird nur in wenigen Fällen erwähnt. Schließlich geht es nur um die Beziehung zwischen der staatlichen Vergabestelle (NASA) und dem Hauptauftragnehmer („prime contractor"). Die Probleme der Beziehung zwischen Vergabestelle und Unterauftragnehmer („subcontractor") werden nicht behandelt.

---

[17] Ein Projekt ist eine zur Lösung gereifte Idee, während das Programm der umfassendere Begriff ist und als Planung und koordinierte Durchführung von Aktivitäten zur Deckung eines Bedarfes verstanden wird, *Danhof*, Government Contracting and Technological Change, Washington D.C. 1968, S. 133.
[18] Dabei muß aber das Beschaffungswesen der Streitkräfte, wo immer möglich, in die Betrachtung miteinbezogen werden, da die Organisations- und Vergabemethoden, die heute von der NASA angewandt werden, meistens schon früher vom „Department of Defense (DOD)" entwickelt wurden, vgl. *Danhof*, aaO., S. 4.

2*

Zweiter Teil

Politische und wirtschaftliche Grundlagen

I. Der politische und wirtschaftliche Bedeutungswandel des Staatsauftrages

Der Funktionswandel des Staatsauftrages vom „Hilfsgeschäft" der Verwaltung zum sozialen und wirtschaftlichen Gestaltungsinstrument ist in den USA noch augenfälliger als in der Bundesrepublik[1]. Diente der Staatsauftrag früher fast ausschließlich der Beschaffung von Gütern, die von den staatlichen Organisationen routinemäßig benötigt wurden, so ist heute der Staatsauftrag in den USA in vielen Fällen zu einer pragmatischen Antwort auf gewichtige Probleme wirtschaftlicher und sozialer Art und damit zu einem modernen Instrument gestaltender Verwaltung geworden[2]. Damit wird nicht behauptet, daß alle Staatsaufträge primär unter wirtschafts- oder sozialpolitischen Gesichtspunkten gesehen werden müßten, doch dürfen diese Aspekte nur in den seltensten Fällen außer acht gelassen werden. Mannigfache Ziele und Zwecke werden mit der Vergabe von Staatsaufträgen verfolgt[3]: z. B. Hilfe für wirtschaftlich schwache Gebiete, Unterstützung für kleinere

---

[1] Vgl. *Forsthoff*, Der Staat als Auftraggeber, Stuttgart, Berlin, Köln, Mainz 1963. *Forsthoff* weist vor allem darauf hin, wie fragwürdig der Begriff des „Hilfsgeschäftes" geworden ist; ferner *Altmann*, Das öffentliche Auftragswesen, Grenze des fiskalischen Denkens, Stuttgart 1960.

[2] Dazu vor allem *Miller*, Administration by Contract: A New Concern for the Administrative Lawyer, 36 N.Y.U.L. Rev. 957 (1961); ferner *Miller*, Government Contracts and Social Control: A Preliminary Inquiry, 41 Va.L.Rev. 27 (1955); *Van Cleve*, The Use of Federal Procurement to Achieve National Goals, 1961 Wisconsin L.Rev. 566; *Hannah*, Regulation of Industry Through Government Contracts — Have We Reached the Point of Dimishing Returns, 21 Business L.Rev. 247 (1965).

[3] Dazu die Ausführungen von *Spector* in US Congress, Hearings on H.R. 474 to Establish a Commission on Government Procurement before the Subcommittee of the Committee on Government Operations, 91st Cong., 1st Sess., pt. 7, at 1807, (1969); ferner *Nash* und *Cibinic*, Federal Procurement Law, 2. Aufl., Washington 1969, S. 383 ff.; auch in der Bundesrepublik werden Staatsaufträge wirtschafts- und sozialpolitisch eingesetzt, vgl. dazu die „Richtlinien für die bevorzugte Berücksichtigung von Personen und Unternehmen aus den Zonenrandgebieten und aus Berlin (West) bei der Vergabe öffentlicher Aufträge vom 19. Juli 1968 — Bundesanzeiger 1968, Nr. 138; und „Richtlinien für die Berücksichtigung bevorzugter Bewerber bei der Vergabe öffentlicher Aufträge" vom 24. Febr. 1969 — Bundesanzeiger 1969, Nr. 42.

und mittlere Betriebe ("small business")[4], Garantie gleicher Einstellungschancen für schwarze und weiße Amerikaner[5], Eindämmung wirtschaftlicher Rezessionserscheinungen (durch „deficit-spending"), aber auch Hebung des außenpolitischen Prestiges durch Förderung zukunftsträchtiger Technologien, wie etwa der Weltraumforschung[6]. Durch Vergabe von Staatsaufträgen — wie durch Subventionen — kann die amerikanische Bundesregierung sowohl die wirtschaftliche Stabilität im allgemeinen, als auch die technologische Struktur und Kapazität ganzer Industriesektoren, sowie auch Wachstums- und Schrumpfungsprozesse einzelner Unternehmen beinflussen[7]. Das Instrument des „government contract" erlaubt es der Bundesregierung, faktisch das Prinzip des „dual federalism", d. h. der von Fall zu Fall mehr oder weniger ausgeprägten Autonomie der Gliedstaaten, die sich als Schranke für eine umfassende Gesetzgebung des Bundes auswirkt, zu durchbrechen, so daß die wirtschafts- und sozialpolitischen Ziele der Bundesregierung auch im einzelstaatlichen Bereich durchgesetzt werden können.

„Government contracts" sind aber nicht nur wegen ihrer wirtschafts- und sozialpolitischen Aspekte von besonderer politischer Bedeutung. Staatsaufträge werden von den einzelnen Abgeordneten und Senatoren auch wahlkampftaktisch eingesetzt. Das zeigt sich besonders an dem eigentümlichen Brauch, daß der Senator oder Abgeordnete in seinem Wahlgebiet die Vergabe eines Auftrages an die heimische Industrie in Presse und Fernsehen persönlich anzeigt, um den Eindruck zu erwecken, als sei die Vergabe des Auftrages an die Industrie seines Staates oder Wahlkreises sein besonderes Verdienst. Diese Praxis dürfte kaum geeignet sein, das Vertrauen der Allgemeinheit in die Integrität des Vergabeverfahrens zu festigen[3]. Aber nicht allein dieser Aspekt des „government contracting" stößt auf Kritik. Manche Autoren heben hervor, daß das Abschließen von „government contracts" die tiefgreifende Kor-

---

[4] Siehe dazu *Parris*, The Small Business Administration, New York, Washington, London 1968.
[5] Dazu eine „*Student-Note*", The Philadelphia Plan vs. The Chicago Plan: Alternative Approaches for Integrating the Construction Industry, 65 North Western Univ.L.Rev. 642 (1970).
[6] Auch die Probleme der Umweltverseuchung sollen mit Hilfe des „government contract" gelöst werden. Im Januar 1970 erklärte ein Sprecher des Department for Health Education and Welfare: "The Federal Government will use the carrot of government contracts to induce industries to stop their pollution of air and streams", San Francisco Chronicle, 19. Januar 1970, S. 1.
[7] *Miller*, Administration by Contract: An Examination of Governmental Contracting Out, Symposium, 31 George Washington L.Rev. 685 (1963).
[8] Vgl. *Miller* und *Pierson*, Observations on the Consistency of Federal Procurement Policies with other Governmental Policies, 24 Law and Contemporary Problems, S. 286 (1964); *Danhof*, Government Contracting and Technological Change, 2. Aufl., Washington D.C. 1968, S. 218.

rektur verwaltungsbezogener Probleme, die als Resultat der Veränderungen in Wirtschaft und Gesellschaft entstanden seien, zum Teil nur hinausschiebe, indem die ärgsten Lücken und Fehler lediglich übertüncht würden[9]. Vor allem die Praxis des sogenannten „contracting out"[10] typischer Aufgaben des Staates wirft zahlreiche Probleme auf, insbesondere auch die Frage, bis zu welcher Grenze typische Staatsaufgaben vertraglich übertragen werden dürfen, d. h. inwieweit die „executive power" auf private Organisationen übertragen werden kann[11].

Analysiert man die politische Bedeutung der Staatsaufträge mit großem Volumen in den USA, so muß man die Tatsache im Auge behalten, daß der Übergang vom reinen „Hilfsgeschäft" der Verwaltung, d. h. von der ausschließlichen Beschaffungs-Funktion zum „instrument of social control"[12] nicht das Ergebnis bewußter politischer Entscheidung ist. Vielmehr ist dem Staatsauftrag seine neue Funktion in einer Umgebung Jahr für Jahr zunehmender Regierungsaufgaben langsam zugewachsen[13].

Insbesondere scheinen die gewaltigen FE-Programme im Bereiche der Raumfahrt und der Verteidigung nicht Resultat eines von vornherein planenden, zielgerichteten und koordinierten Vorgehens, sondern vielmehr Ergebnis verstreuter Initiativen und in Hast gefällter Entscheidungen zu sein, die getroffen wurden, um akuten Notsituationen abzuhelfen. Daher wird die FE-Politik der Vereinigten Staaten am besten als pragmatisch bezeichnet, d. h. die Probleme wurden erst dann angegangen, wenn sie sich wirklich stellten[14], wobei man meistens keine im voraus erarbeiteten Pläne für ihre Lösung besaß. Nach Schließung der ärgsten Lücken wurden die zunächst nur improvisierten Programme dann weitergeführt und jeweils durch limitierte Programme fortgeschrieben[15].

---

[9] *Stover*, The Government of Science, A Report to the Center for the Study of Democratic Institutions, Santa Barbara, California, 1962, S. 31.
[10] Die Frage wurde in einem Bericht des „Bureau of the Budget" an Präsident Kennedy analysiert, dem sogenannten „*Bell-Report*", U.S. Bureau of the Budget, Report to the President on Government Contracting for Research and Development, U.S. Senate Document No. 94, 87th Cong., 2d Sess. (1962).
[11] Art. II, Abs. 1 der Verfassung der Vereinigten Staaten bestimmt: "The executive power shall be vested (!) in a President of the United States." Zum Problem vgl. *Whelan* und *Philipps*, Government Contracts: Emphasis on Government, 29 Law and Contemporary Problems, S. 345 (1964).
[12] Zu diesem Begriff siehe *Miller*, Government Contracts and Social Control: A Preliminary Inquiry, 41 Va. L.Rev. 957 (1961).
[13] *OECD Reviews of National Science Policy*, United States, Paris 1968, S. 23; auch *Danhof*, aaO., S. 451.
[14] *Johnson*, Government — Business Relations, Columbus 1963, S. 5.
[15] Die großen FE Unternehmungen der Vereinigten Staaten entstanden als massive Antwort auf bedrohende wissenschaftliche und technische Erfolge

Daher ist es nicht unbedingt sinnvoll, das heutige „government contract system" als solches, d. h. seine „policy" zu kritisieren. Denn niemals wurde eine „policy"-Entscheidung umfassender und bewußter Art getroffen. Für den Juristen heißt deswegen die Frage nicht, ob das „government contract system" auf einer wünschenswerten Entscheidung beruht, sondern ob es — so wie es praktiziert wird — grundlegenden Erfordernissen materieller Gerechtigkeit entspricht.

II. Charakteristika der Forschungs- und Entwicklungsaufträge für die Weltraumfahrt

Der Prozeß des Erwerbs von Systemen, die der Erforschung des Weltraumes dienen sollen, ist durch vier Charakteristika gekennzeichnet[16]: 1. es bestehen außerordentlich viele Ungewißheiten technischer, organisatorischer und ökonomischer Art, 2. es gibt keinen Markt im Sinne der verkehrswirtschaftlichen Theorien, 3. FE-Aufträge werden in einem Verfahren vergeben, das in Phasen aufgegliedert ist; Vergabeform ist die „Freihändige Vergabe unter Wettbewerbsbedingungen" (*„competitive negotiation"*), 4. Unternehmen, welche sich auf FE-Arbeiten in der Weltraumforschung spezialisiert haben, befinden sich dem Staat gegenüber in einer Position starker Abhängigkeit.

Die genannten Charakteristika kennzeichnen auch die Beschaffung von Waffensystemen höherer Ordnung, den „weapons systems acquisition process"[17]. Ein wesentlicher Unterschied zwischen dem Prozeß der Beschaffung von Waffensystemen und dem Erwerb von Systemen für die Weltraumforschung liegt — zumindest gegenwärtig — jedoch noch darin, daß sich an den FE-Prozeß für die Weltraumforschung keine Serienproduktion anschließt. Die NASA beschafft nicht Hunderte von Satelliten oder Raumfähren, sondern lediglich einige Prototypen.

---

anderer Staaten, insbesondere der Sowjetunion. So war das Manhattan Projekt eine Antwort auf die deutschen Anstrengungen auf dem Gebiet der Atomenergie. Als Antwort auf den ersten Atombombentest der Sowjetunion im Jahre 1949 vervielfachte die amerikanische Atomenergiebehörde, die „Atomic Energy Commission", ihre Anstrengungen. Auch die Programme in der Weltraumforschung sind eine Reaktion auf den Schock, den Amerika erlitt, als Sputnik I im Jahre 1957 erfolgreich die Erde umkreiste: Die NASA wurde im Jahre 1958 gegründet, vgl. *OECD Reviews*, aaO., S. 23.

[16] Dazu die Monographie von *Peck* und *Scherer*, The Weapons Acquisition Process: An Economic Analysis, Boston 1962; vgl. auch die staatswissenschaftliche Arbeit von *Guicciardi*, Grundlagen staatlicher Forschungspolitik, Zürich 1970.

[17] Vgl. *Goetze*, Ausmaß, Wege und Auswirkungen staatlich geförderter Forschung und Entwicklung in den USA, in Wirtschafts- und Sozialpolitik, Informationsdienst für die deutsche Wirtschaft, Bonn 18. 12. 1965.

1. Die vielen Ungewißheiten

Es gibt drei besonders wichtige Gruppen von Ungewißheiten, die jeden FE-Prozeß zu einem problembeladenen Unternehmen werden lassen: (1) Die Ungewißheiten über die Ziele des jeweiligen FE-Projektes, (2) die immanenten Ungewißheiten, vor allem technischer Art und (3) die äußeren Ungewißheiten[18].

(1) Das Problem der Projektdefinition: Staatliche Stellen, die mit der Planung, Vergabe und Leitung größerer FE-Projekte befaßt sind, müssen zunächst einmal das Ziel des FE-Vorhabens definieren. Einfach gesagt, soll die Projektdefinition bestimmen, was gekauft werden soll. Nun ist die Projektdefinition aber ein Prozeß, der um so schwieriger und langwieriger ist, je weniger Spezifikationen zur Verfügung stehen, die für die Zielbestimmung geeignet sind; und gerade zu Beginn des FE-Prozesses stehen in der Regel keine Spezifikationen zur Verfügung, da diese erst erforscht werden müssen. Zur Überwindung dieser Aporie hat die NASA ein Verfahren der phasenweisen Projektdefinition entwickelt[19].

(2) Immanente Ungewißheiten: Bei der Erstellung größerer Systeme ist der Anteil der Forschungs- und Entwicklungsanstrengungen, deren Erfolg unsicher ist, besonders hoch. Auch ist es sehr schwierig, im voraus Zeit, Kosten und erreichbare Qualität zu bestimmen. Die Gründe dafür liegen in der außerordentlichen technologischen Komplexität großer Systeme, insbesondere der großen Zahl der einschlägigen technischen Probleme. Weltraumprobleme umfassen normalerweise die gleichzeitige Ausarbeitung und Entwicklung vieler einzelner, technisch und organisatorisch voneinander abhängiger Subsysteme. Die Wahrscheinlichkeit unerwarteter technischer Schwierigkeiten ist desto größer, je höher die Anzahl der System- bzw. Subsystem-Partikel ist[20]. Diese Umstände erklären die Schwierigkeit, bzw. Unmöglichkeit, Zeit, Kosten und Qualität eines FE-Vorhabens im voraus sicher zu bestimmen.

(3) Von außen her einwirkende Ungewißheiten: Der „Raumforschungsmarkt" wird vom „US Government" beherrscht, da die NASA, und in geringem Umfang das DOD, die einzigen Kunden der Raumfahrtindustrie sind. Trotz aller lang- und mittelfristigen Pläne wohnt dem Zyklus nur zweijähriger Legislaturperioden die Möglichkeit weitgehender politischer Veränderungen inne, insbesondere wenn es um Prioritätsentscheidungen geht, die über das Ausmaß des finanziellen Aufwandes für die Raumfahrt befinden. Dieser Umstand schafft erhebliche Ungewißheiten.

Zudem gibt es Ungewißheiten, die sich aus dem alljährlichen Budgetverfahren[21] ergeben: Trotz der Ungewißheit über die Kosten geplanter FE-Vorhaben muß die NASA ihre finanziellen Bedürfnisse schon ein

---

[18] Vgl. *Peck* und *Scherer*, aaO., S. 17 bis 54.
[19] „*Phased Project Planning*", NASA NHB 7121.2 (1968), vgl. unten im Dritten Teil, IV.
[20] Die außergewöhnliche Komplexität kann man sich an der Anzahl der Einzelteile eines Systems einer Rakete und eines Satelliten vergegenwärtigen. Dieses System besteht aus etwa 300 000 Einzelteilen, wogegen ein Auto aus etwa 3 000 Einzelteilen besteht; General Hinrichs in Hearing before the Senate-Committee on Government Operations, Pyramiding of Profits and Costs in the Missile Procurement Program, 87 Cong., 2nd. Sess., 517 (1962).
[21] Dazu vgl. *Wildavsky*, The Politics of the Budgetary Process, Boston 1964.

II. Charakteristika der FE-Aufträge für die Weltraumfahrt

Jahr im voraus dem „Bureau of the Budget" des Präsidenten angeben. Wenn die beantragten Summen dann im Budget ausgewiesen werden, dann haben die neuen Realitäten die ursprünglichen Schätzungen oft schon ungültig werden lassen. Darüber besteht bei allen Beteiligten die Tendenz, die Kosten bewußt oder unbewußt zu unterschätzen[22], was dazu führen kann, daß die im Budget ausgewiesenen Summen nicht ausreichen, um bereits begonnene Projekte weiterzuführen. Für die Raumfahrtindustrie bilden diese Ungewißheiten eine erhebliche Risikoquelle.

2. Kein Marktsystem im verkehrswirtschaftlichen Sinne

Ein anderes Charakteristikum der FE-Aufträge für größere Systeme ist der nicht-marktwirtschaftliche Charakter des Erwerbsprozesses dieser Systeme. Es wäre nicht angemessen, hier die wesentlichen Kennzeichen eines marktwirtschaftlichen Systems im wirtschaftstheoretischen Sinne darzustellen. Es soll jedoch kurz erläutert werden, warum im Rahmen der Vergabe von FE-Aufträgen für die Weltraumforschung kein Marktsystem besteht und bestehen kann[23]:

Während das klassische marktwirtschaftliche Modell davon ausgeht, daß der Verkäufer die Initiative ergreift, indem er sich dazu entschließt, ein Produkt herzustellen, verhält es sich beim Erwerb von Systemen für die Weltraumforschung so, daß die NASA, also der Käufer, an die Raumfahrtindustrie herantritt. Dabei steht die NASA, als der einzige mögliche Kunde, einer Mehrzahl potentieller Verkäufer gegenüber, was zu einer monopsonistischen Marktsituation führt. Weiterhin bieten die Verkäufer keine fertigen Produkte an, die der Käufer annehmen oder ablehnen könnte. Es ist vielmehr so, daß die NASA einen großen Anteil der FE-Kosten bezahlt, bevor sie genau weiß, wie das endgültige Produkt beschaffen ist. Vor allem aber fehlt das Herzstück des marktwirtschaftlichen Systems, der Preismechanismus: Der Preis für eine FE-Aufgabe wird nicht durch den Wettbewerb auf dem Markt bestimmt. Vielmehr setzt er sich meistens aus den tatsächlichen Kosten, die erstattet werden, und einer im voraus vereinbarten Gewinnspanne zusammen[24].

Das Fehlen von „competitive pricing" bedeutet aber nicht, daß es keinen Wettbewerb zwischen den einzelnen Firmen der Luft- und Raumfahrtindustrie gibt, wenn es um die Vergabe eines FE-Auftrages geht. Die Schilderung des Verfahrens der „Freihändigen Vergabe unter Wettbewerbsbedingungen mit Bewertungsausschüssen" wird zeigen, wie hart der Wettbewerb unter den wenigen hochqualifizierten Firmen der Raumfahrtindustrie sein kann.

3. Besondere Vergabeformen und Organisationstechniken

Obwohl auch im amerikanischen Beschaffungsrecht die grundsätzliche Regel gilt, daß „Förmlichen Ausschreibungen" (*formal advertis-*

---

[22] Etwa um „einen Fuß in die Türe zum Budget zu stellen"; dazu *Roback*, Presenting Scientific and Technical Programs to Congress, in *Orleans* (Hrsg.) Science Policy and the University, Washington D.C. 1968, S. 236.
[23] Vgl. *Peck* und *Scherer*, aaO., insbes. S. 57 bis 63.
[24] Neben diesem „Selbstkostenerstattungspreis mit kalkulatorischem Gewinn" („cost plus fixed fee contract", NASA PR 3405-5) gibt es noch die

ing") gegenüber der „Freihändigen Vergabe" (*„negotiation"*) der Vorzug zu geben ist[25], kann diese Regel bei der Vergabe von FE-Aufträgen nicht beachtet werden:

Förmliche Ausschreibungen setzen voraus, daß das zu beschaffende Produkt eindeutig spezifizierbar ist. Wie gezeigt, ist dies bei FE-Aufgaben gerade nicht möglich. Wenn der FE-Zyklus seinen Anfang nimmt, dann sind allerhöchstens funktionale Beschreibungsversuche, aber keine klaren Spezifikationen greifbar. Die NASA und die betreffenden Unternehmen der Raumfahrtindustrie legen dann den Weg von der anfänglich überwiegenden Ungewißheit zu einer klaren Projektdefinition in enger Zusammenarbeit innerhalb eines in Stufen gegliederten Verfahrens zurück, dem *„Phased Project Planning"*. An den Nahtstellen dieses Verfahrens zur Planung und Durchführung von Projekten[26] werden jeweils Teilaufträge vergeben. Vergabeform ist die *„Freihändige Vergabe unter Wettbewerbsbedingungen mit Bewertungsausschüssen"* (*„source evaluation board procedure"*)[27]. Etwas überzeichnet ausgedrückt, könnte man sagen: FE-Aufträge können nicht durch „Förmliche Ausschreibungen", sondern nur durch ein besonderes Verfahren vergeben werden, weil die Spezifikationen, welche für eine normale Ausschreibung unerläßlich sind, erst dann zur Verfügung stehen, wenn der FE-Auftrag bereits ausgeführt ist.

4. Die wechselseitige Abhängigkeit von NASA und Raumfahrtindustrie sowie die Frage der „militärisch-industriellen" Interessenverflechtung

Es wurde gezeigt, daß die Raumfahrtindustrie in erheblichem Maße vom Staat, d. h. von der NASA abhängt, weil letztere durch ihre monopsonistische Position den gesamten „Raumforschungsmarkt" beherrscht und die Macht hat, Wachstums- und Schrumpfungsprozesse einzelner Unternehmen der Raumfahrtindustrie zu beeinflussen. Andererseits ist auch der amerikanische Staat von seiner Luft- und Raumfahrtindustrie abhängig, denn ohne sie kann er seine zukunftsorientierten Pläne auf einem der wichtigsten Gebiete moderner Wissenschaft und Technik, die ihm Macht, Prestige und wirtschaftliche Überlegenheit anderen Staaten gegenüber bringen sollen, nicht verwirklichen. Es ist daher

---

sogenannten „incentive contracts", welche die Auftragnehmer zur Kostensenkung (ohne Qualitätsminderung und Verzögerung) durch die Chance höherer Gewinne anregen sollen, dazu DOD and NASA Incentive Contracting Guide, NHB 5104,3A (1969).

[25] Für das deutsche Beschaffungswesen, vgl. die „Verdingungsordnung für Leistungen, Teil A", § 3 Abs. 2 Ziff. 1; der VOL/A kommt, etwa im Gegensatz zu den Verdingungsvorschriften für Post und Bahn (vgl. § 50 des Bundesbahngesetzes, § 31 des Postverwaltungsgesetzes) keine rechtliche Verbindlichkeit zu. Die in ihr enthaltenen Regeln, die von einem Fachgremium unter ministerieller Leitung herausgegeben wurden, können aber von den einzelnen Ressorts für verbindlich erklärt werden. Für die NASA, vgl. „Armed Services Procurement Act", 10 U.S.C. 2304 (a) und NASA PR. 3.101 (a). Vgl. insbesondere unten im Dritten Teil, III.

[26] Vgl. dazu unten im Dritten Teil, III.

[27] Vgl. dazu unten im Dritten Teil, III, 2.

II. Charakteristika der FE-Aufträge für die Weltraumfahrt

typisch für den Bereich der FE für Waffen- oder Weltraumsysteme, daß die wenigen hochqualifizierten Unternehmen, die in der Lage sind, FE-Aufträge in der Weltraumforschung oder der fortgeschrittenen Waffentechnik auszuführen, oft eine de facto-Partnerstellung bei der Planung und Entscheidung über Programme und Projekte erreichen, die ihnen einen beträchtlichen Einfluß auf staatliches Handeln zu sichern vermag[28]. Diese besondere Art der Partnerschaft zwischen Staat und Luft- und Raumfahrtindustrie, die — vom traditionellen Beschaffungswesen her gesehen — etwas Ungewöhnliches ist, rührt unter anderem auch daher, daß die zukunftsträchtigen Ideen, welche den größten Einfluß auf den Gang der Weltraumforschung und der Waffentechnik haben, meistens nicht von den Experten des Staates, sondern aus der Industrie kommen.

Dabei fehlt es nicht an Kritikern, die das Verhältnis zwischen DOD und NASA einerseits und der Luft- und Raumfahrtindustrie andererseits für zu eng halten und fürchten, das „US Government" sei Gefangener industrieller Interessen geworden und habe die Freiheit verloren, auf den Gebieten der militärisch orientierten Forschung und der Weltraumforschung seine Ziele und Programme selbst zu bestimmen, sowie darüber zu befinden, wie diese Ziele zu erreichen seien[29]. Diese Bemerkungen führen zur Problematik der „militärisch-industriellen Interessenverflechtung", des sogenannten *„military-industrial complex"*[30]:

---

[28] Deswegen kommt auch *Galbraith* zu der Feststellung, daß die großen Unternehmen der „aero-space industry" mit der „US Air Force" in ähnlicher Weise verbunden seien und in ähnlicher Weise von ihr abhingen, wie die „Air Force" ihrerseits vom „US Government", vgl. *Galbraith*, The New Industrial State, London 1967, S. 314, aus diesem Grunde hat *Galbraith* auch vorgeschlagen, die „aerospace industry" zu verstaatlichen, vgl. *Galbraith* in Hearings on the Military Budget and National Economic Priorities before the Subcommittee on Economy in Government of the Joint Economic Committee, 91 Cong., 1st, Pt. 1, S. 8 (1969); zur de facto-Partnerschaft zwischen Staat und „aero-space"-Industrie; vgl. auch *Rubel*, R & D Contracts: Policies and Problems, in Research and Development Contracting, Washington D.C. 1963, S. 21.
[29] Dazu: *Duscha*, Arms, Money & Politics, Chicago 1964; *Cook*, The Warfare State, New York 1962; *Perlo*, Militarism and Industry: ArmsProfiteering in the Missile Age, Chicago 1963; Proxmire, Report from Wasteland, America's Military-Industrial Complex, New York, Washington D.C., London 1970; *Young, Silock, Dunn*, Journey to Tranquility, London 1969; vgl. auch Kapitel 9 „The Military Ascendancy" in *Mills*, The Power Elite, London, Oxford, New York 1956; insbesondere auch die beiden Hearings vor dem von Senator Proxmire präsidierten Ausschuß für „Wirtschaftlichkeit im Verteidigungssektor": Einmal Hearings on Economics of Military Procurement before the Subcommittee on Economy in Government of the Joint Economic Committee, 90th Cong., 2nd Sess. (1968); und zum anderen Hearings on the Military Budget and National Priorities before the Subcommittee on Economy in Government of the Joint Economic Committee, 91st Cong., 1st Sess. (1969).
[30] Vgl. oben Erster Teil, Fn. 8.

Die militärisch-industrielle Interessenverflechtung darf kaum als groß angelegte Verschwörung der verteidigungs- und raumfahrtorientierten Industrie und bestimmter staatlicher Stellen erklärt werden. Ein verschwörungstheoretischer Lösungsversuch des Problems würde den Blick auf die wirklichen Zusammenhänge verstellen, die weniger dramatisch, aber komplexer sind. Eine Prüfung der Tatsachen ergibt, daß ein Gewebe von verschiedenartigen wirtschaftlichen und staatlichen Organisationen und Institutionen besteht, die ein gemeinsames Ziel verfolgen: die Konstruktion und Beschaffung moderner Waffen- und Raumfahrtsysteme. Zu diesen Organisationen gehören vor allem das DOD, die NASA, die großen Unternehmen, welche sich auf Waffen- und Raumfahrttechnologie spezialisiert haben, Universitätswissenschaftler, die in ihren Instituten auf den Gebieten der Waffen- und Raumfahrttechnologie forschen und schließlich verteidigungsorientierte Institutionen, wie die Rand Corporation in Santa Monica das „Institute for Defense Analysis" und das Hudson-Institut. Weiterhin sind auch die einschlägigen Ausschüsse im Senat und im Repräsentantenhaus des Kongresses zu nennen, nämlich die beiden „Armed Services Committees" sowie das „Aeronautical and Space Sciences Committee" im Senat und das „Science and Astronautics Committee" im Repräsentantenhaus. Die Personen, welche zu diesen Organisationen gehören, stehen in engem Kontakt miteinander. Sie treffen sich auf Tagungen und bei den Anhörungen der Ausschüsse des Kongresses, sie sitzen zusammen in den gleichen Teams und „task forces" und sie arbeiten zum Teil in denselben Bürohochhäusern[31]. Dieser enge Kontakt führt zu gemeinsamen Anschauungen, die den anstehenden Entscheidungen zugrunde gelegt werden. So entstehen Gewohnheiten und langjährige Übung, aus denen niemand mehr auszubrechen vermag, da sie mittlerweile wie feststehende Regeln beachtet werden. Das Problem der militärisch-industriellen Interessen ist somit nicht Verschwörung oder Korruption, wenngleich Fälle persönlicher Bereicherung und Schiebungen großen Stils bekannt geworden sind, sondern die Entstehung von Übungen und gemeinsamen Überzeugungen innerhalb einer Gruppe einflußreicher Personen, die zu Regeln werden, und einer Kontrolle von außen nicht unterliegen.

Dazu kommt noch, daß der Grad der Mobilität sowohl innerhalb der Luft- und Raumfahrtindustrie als auch zwischen DOD, NASA und „aerospace"-Industrie sehr hoch ist[32], so daß — überspitzt gesagt — die Organisationen, welche zum „military-industrial complex" gehören so etwas wie ein gemeinsames Personal haben[33].

---

[31] So findet man im Architects Building in Arlington bei Washinton DC., dessen Hauptmieter die Luft- u. Raumfahrtabteilung der „US Air Force" ist, welche sich im fünfzehnten Stockwerk niedergelassen hat, im sechzehnten Stockwerk die Firma Schriever-McGhee Associates. Letzteres Unternehmen ist auf Organisationsberatung spezialisiert und bietet seine Dienste für alles an, was Luft- und Raumfahrt betrifft. Schriever und Mc-Ghee selbst waren Luftwaffengeneräle. Die meisten Angestellten der Firma sind frühere Luftwaffenoffiziere.

[32] Dazu vgl. *McIntosh*, As Salesmen See You, Armed Forces Management, Vol. 11, Washington D.C. 1964, S. 63.

[33] Pensionierte Air Force Offiziere und NASA-Angestellte gehen mit Vorliebe zur Luft- und Raumfahrtindustrie. Im Jahre 1969 hatten General Dynamics 113 ehemalige Offiziere beschäftigt. Bei Lockheed arbeiteten 210 frühere Offiziere und NASA-Angestellte in führenden Positionen und bei

II. Charakteristika der FE-Aufträge für die Weltraumfahrt

Die militärisch-industrielle Interessenverflechtung ändert nichts an der Tatsache der grundsätzlichen Abhängigkeit der Luft- und Raumfahrtindustrie von Staatsaufträgen. Ist es doch gerade diese Grundtatsache der Abhängigkeit der Industrie, welche den „military-industrial complex" für das „öffentliche Interesse"[34] gefährlich werden läßt. Denn die einzelnen Unternehmen scheinen geradezu gezwungen zu sein, die Partnerschaft mit dem Staat so weit wie nur möglich, zu ihrem Vorteil auszunutzen. Da der Einfluß der einzelnen Firmen auf die staatlichen Beschaffungsstellen und die entsprechenden Personen in den gesetzgebenden Organen in der Frage der Planung und Vergabe von Staatsaufträgen nicht gleich groß ist, kommt es unter den Firmen weder zu einem „Gleichgewicht des Schreckens" noch lediglich zu dem staatlicherseits erwünschten Preis- und Qualitätswettbewerb, sondern zu erbitterten Kämpfen um die Staatsaufträge unter Einsatz aller verfügbaren Machtmittel, insbesondere des beschriebenen beträchtlichen Einflusses auf die staatlichen Stellen. Der Staat selbst, d. h. DOD, NASA und die betreffenden Ausschüsse des Kongresses, scheint in diesem Kampf der Unternehmen um die großen Aufträge von einem in richterlicher Freiheit entscheidenden Subjekt zu einem willenlosen Objekt der Beeinflussungsbemühungen kämpfender Parteien zu werden. Die Integrität des „government contract system" scheint in Gefahr zu sein. Willkürliche Entscheidungen im Vergabeverfahren sind möglich, und die Firmen suchen sich mit allen, auch unlauteren, Mitteln gegen Willkür[35] abzusichern. Gerade dadurch aber gefährden sie die Integrität des Systems, von dem sie in ihrem wirtschaftlichen Bestand abhängen. Dabei stellt sich auch die Frage, ob die Firmen nicht gerade deswegen in diesen vorrechtlichen Urzustand des „homo homini lupus", des ständigen Zwanges zur Selbsthilfe gedrängt werden, weil ihnen keine wirksamen Formen der Lösung von Konflikten mit staatlichen Stellen und vor allem keine wirksamen Schutzmöglichkeiten gegen Willkür bei der Vergabe von Staatsaufträgen, von denen ihre wirtschaftliche Existenz abhängt, zur Verfügung stehen.

Boeing nicht weniger als 169; *Douglas*, An End to Concealment, The New Republik, 25. Apr. 1970, S. 22.

[34] Dazu vgl. Erster Teil, Fn. 6.

[35] Das bedeutet, daß die Unternehmen sich nicht nur gegen objektiv rechtswidrige oder doch zumindest sachwidrige Willkür zu schützen suchen, sondern auch gegen — von einem übergeordneten Interesse her gesehen — an sich berechtigte, vom Standpunkt des betroffenen Unternehmens jedoch als Willkür empfundene Willensänderungen der Vergabebehörde. In den letzteren Fällen dürfte der Willkürtatbestand nicht in der Willensänderung selbst, sondern in der Änderung eines ursprünglich vom Betroffenen als stabil präsumierten Behördenwillens liegen. Obwohl die Unternehmen auch in diesen Fällen Schutz verdienen mögen, wird in dieser Arbeit von dem engeren Willkürverständnis ausgegangen, wie es in Fn. 7 des Ersten Teiles umrissen wurde.

Dritter Teil

Rechtliche und organisatorische Grundlagen

I. Das amerikanische Bundes-Beschaffungsrecht

Das Bundes-Beschaffungsrecht (*"Federal Procurement Law"*) ist ein Spezialgebiet, das nur wenige amerikanische Juristen beherrschen. Diese Experten sind zu finden in den Rechtsabteilungen beschaffungsorientierter Bundesbehörden, im Bundesrechnungshof, in einigen Bundesgerichten[1], in wenigen auf Beschaffungsrecht spezialisierten Anwaltssozietäten[2] sowie den Rechtsabteilungen der großen Industrieunternehmen, die sich auf Staatsaufträge eingestellt haben. Da nur wenige „Law Schools" regelmäßige Kurse im Beschaffungsrecht veranstalten[3], hat der normale „lawyer" nur sehr allgemeine Vorstellungen von Bundesbeschaffungsrecht, obwohl es sich dabei um eine Materie von erheblicher wirtschaftlicher und politischer Bedeutung und von eindrucksvollem Volumen handelt[4]. In den letzten Jahrzehnten ist das amerikanische Bundes-Beschaffungsrecht so unübersichtlich und kompliziert geworden, daß eine umfassende Reform erwünscht ist. Das „Committee on Government Operations" des Repräsentantenhauses und der entsprechende Ausschuß des Senats haben sich daher in langwierigen An-

---

[1] Insbesondere in dem erst- und dem mittelinstanzlichen Bundesgericht in Washington D.C. und im „Court of Claims".

[2] Diese „law firms" machen einträgliche Geschäfte, da der Streitwert in vielen beschaffungsrechtlichen Fällen sehr hoch liegt, und der prozentuale Anteil, der dem Anwalt der siegreichen Partei zufällt („contingent fee") beträchtlich sein kann.

[3] Vgl. *Speidel*, What should the Law Schools do about Federal Government Contracts?, 18 Journal of Legal Education, 371 (1965/66). Zum Aufbau einer Vorlesung über „government contracts", vgl. *Whelan* und *Phillips*, Government Contracts: Emphasis on Government, 29 Law & Contemporary Problems, 315 (1964).

[4] Es gibt eine nahezu unübersehbare Menge von beschaffungsrechtlichen Gesetzen und Verordnungen, vor allem aber von Entscheidungen der Bundesgerichte, des „Court of Claims" und insbesondere der verschiedenen „Boards of Contract Appeals" (letztere sind besondere Schiedskommissionen, die von den einzelnen beschaffungsorientierten Behörden eingesetzt werden und über Streitigkeiten zu entscheiden haben, welche die Auftragserfüllung betreffen). Die beschaffungsrechtlichen Verordnungen und Entscheidungen werden in speziellen Sammlungssystemen veröffentlicht, z. B. CCH (Com-

hörungen mit Reformvorschlägen beschäftigt[5]. Ergebnis der Anhörungen war, daß der Kongreß im November 1969 beschloß, eine unabhängige Kommission für Beschaffungsfragen einzusetzen[6], die im Sommer 1970 ihre Arbeit aufgenommen hat. Mit einem ersten Bericht der Kommission ist nicht vor 1972 zu rechnen.

Das Bundes-Beschaffungsrecht hat zwar vieles mit dem traditionellen „law of contracts" gemeinsam[7], unterscheidet sich von ihm aber in wesentlichen Punkten[8]. Das Bundes-Beschaffungsrecht darf vor allem nicht als geschlossenes System verstanden werden, das von einheitlichen Prinzipien durchwaltet wird. Es gleicht eher einem Fleckenteppich. Bei der Beurteilung einer beschaffungsrechtlichen Frage muß immer geprüft werden, um welche konkrete Beschaffung es sich handelt. Die Vergabe eines Staatsauftrages („government contract") für zehntausend Paar Soldatenstiefel, deren Beschaffung vorher ausgeschrieben werden muß, unterliegt grundsätzlich anderen Regeln als

---

merce Clearing House) „Government Contracts Reporter" (Loseblattsammlung), Chicago, Bd. 1 bis 8, zu diesem System gehört auch der vierteljährlich erscheinende „Government Contract Citator", Washington D.C.; ferner „The Government Contractor" Washington D.C. (erscheint zweimal im Monat), zu diesem System gehören die sehr wichtigen „Briefing Papers", die in Washington D.C. jeden Monat erscheinen und vor allem Aufsätze enthalten. Weiterhin ist von Bedeutung der „Public Contract News Letter", der von der „Section of Public Contract Law" der American Bar Association A.B.A. herausgegeben wird und monatlich erscheint. Ebenfalls von der A.B.A. herausgegeben wird das „Public Contract Law Journal", das dreimal im Jahr in Chicago erscheint.

[5] Vgl. Hearings on H.R. 474 to establish a Commission on Government Procurement before the House Committee on Government Operations, 91st Cong., 1st Sess., part 1 to 8 (1969).

[6] Public Law 91—129 (Nov. 26, 1969), US-Code, Congressional and Administrative News, 1969, S. 1979 („Legislative History", S. 2154).

[7] *Trowbridge vom Baur*, Differences between Commercial Contracts and Government Contracts, 53 ABA L.J. 247 (1967). z. B. gilt auch im Bundes-Beschaffungsrecht die Lehre von der „consideration", des Gegenopfers von Wert als Voraussetzung für einen bindenden Vertrag, und zwar insbesondere auch deswegen, weil kein Vertreter des Staates berechtigt ist, vermögenswerte Positionen des Staates zu verschenken, vgl. Simpson v. United States, 172 U.S. 372 (1899).

[8] Eine Besonderheit des Bundes-Beschaffungsrechtes ist z. B. die Möglichkeit der nachträglichen Neuverhandlung bestimmter Vertragsbedingungen zugunsten des Staates („renegotiation"): unter dem Renegotiation Act von 1951, 50 U.S.C. App. § 1212 (e) (in der Fassung von 1964) hat der „Renegotiation Board" die Aufgabe, dann mit den Auftragnehmern über die Neugestaltung ihrer Staatsaufträge zu verhandeln, wenn die Gewinne zu hoch zu sein scheinen. Das Verfahren, welches der Board beachtet, findet sich in 32 C.F.R. 1450 bis 1499. Obwohl der Board seine Entscheidungen wie Fallrecht behandelt und damit eine gewisse Kontinuität erreicht, werden die Entscheidungen nicht veröffentlicht. Sie unterliegen aber der Überprüfung durch den Tax Court, 50 U.S.C. App. § 1218. Im Haushaltsjahr 1967 hat der „Renegotiation Board" 16 Millionen Dollar Exzess-Profite in die Staatskasse zurückfließen lassen.

der Erwerb eines Raketenabwehrsystems oder eines Raumschiffes im Rahmen von FE-Aufträgen. Da immer auf die jeweilige Beschaffung abzustellen ist, gibt es auch keinen festliegenden Begriff des „government contract".

II. Beschaffungskompetenz und Organisation der NASA

FE-Projekte größeren Umfanges bedürfen angepaßter Beschaffungsformen, effizienten Managements und einer Zentralinstanz, welche die Verantwortung für die Entscheidungen über die wissenschaftliche und technische Durchführung, die Organisation und die Kosten des jeweiligen FE-Projektes trägt. Die Zentralinstanz für FE-Projekte im Bereiche der amerikanischen Raumfahrt ist die „National Aeronautics and Space Administration" (NASA). Diese Behörde hat ihre gesetzliche Grundlage in dem „National Aeronautics and Space Act" von 1958[9]. Mit diesem Gesetz übertrug der Kongreß die Verantwortung für die Weltraumtechnologie auf die NASA, einer dem DOD nicht unterstehenden, in gewissem Umfang unabhängigen Behörde[10], deren Aufgabe unter anderem die „Beschaffung" von FE („procurement of R & D") für die Raumfahrt ist.

1. Beschaffungskompetenz

Die NASA hat ihre eigene Beschaffungsverordnung, die „*NASA Procurement Regulation*" (NASA PR)[11], zu deren Erlaß sie im „National Aeronautics and Space Act" ermächtigt wurde[12].

Die NASA PR und die Beschaffungsverordnung des DOD, die „Armed Services Procurement Regulation" (ASPR), enthalten im wesentlichen die gleichen Vorschriften. Dafür gibt es mehrere Gründe:

---

[9] 42 U.S.C. §§ 2451—2459; vgl. auch *Griffith*, The National Aeronautics and Space Act: A Study of the Development of Public Policy, Washington D.C. 1962; *Schoettle*, The Establishment of NASA, in *St. Lakoff* (Hrsg.) Knowledge and Power, New York 1967, S. 262; *Rosholt*, An Administrative History of NASA, Washington D.C. 1966.

[10] Die NASA verfügt nicht über eine derart ausgeprägte Unabhängigkeit, wie die unabhängigen Behörden der Wirtschaftsaufsicht („Independent Regulatory Commissions"), z. B. die „Interstate Commerce Commission"). Obwohl die NASA aus dem Kabinett ausgegliedert ist, untersteht sie dem Präsidenten in ähnlicher Weise wie die „departments", vgl. *Havard*, Government and Politics of the United States, New York, Evanston, London 1965, S. 73; ferner U.S. Government Organisation Manual 1969—1970, Washington D.C. 1969, S. 461.

[11] 41 C.F.R., chapter 18; die NASA PR wird im folgenden nach der offiziellen Ausgabe der NASA zitiert, d. h. z. B. nicht als 41 C.F.R. 18-2.501, sondern unmittelbar als NASA PR 2.501. Die Numerierung im C.F.R. und in der NASA PR ist die gleiche.

[12] 42 U.S.C. § 2473.

II. Beschaffungskompetenz und Organisation der NASA

(1) Das DOD und die NASA unterliegen beide bei ihrer Beschaffungstätigkeit dem „Armed Services Procurement Act"[13]. Bereits dieser Umstand führt zu einer Ähnlichkeit der Beschaffungsregeln.

(2) Die dreibändige ASPR ist zu einer Art Encyclopädie der Beschaffungstechniken geworden, von denen sich andere beschaffungsorientierte Behörden bei der Abfassung ihrer eigenen Beschaffungsverordnungen anregen lassen.

(3) NASA und DOD haben es bei der Durchführung ihrer Programme mit ungefähr den gleichen Unternehmen der amerikanischen Luft- und Raumfahrtindustrie zu tun. Auch aus diesem Grund empfahl sich eine Übernahme, bzw. Angleichung der Beschaffungsregeln.

Da die NASA jedoch aus dem Verteidigungsbereich ausgegliedert und als zivile Behörde konzipiert ist, unterliegt ihre Beschaffungstätigkeit auch dem „Federal Property and Administrative Services Act"[14] und damit auch der „Federal Procurement Regulation"[15], welche die Beschaffungstätigkeit sämtlicher nichtmilitärischer Behörden regelt. Somit kann die NASA, als ein durch Gesetz geschaffener Verwaltungsträger, nur solche Beschaffungsregeln[16] erlassen und nur solche Akte rechtswirksam vornehmen[17], zu denen sie gesetzlich, d. h. im „Armed Services Procurement Act" und im „Federal Property and Administrative Services Act" besonders ermächtigt wurde. Die NASA PR wird ergänzt durch Richtlinien („procurement directives"), Handbücher („manuals" und „guides") und Organisationsanweisungen („management instructions")[18].

---

[13] 10 U.S.C. §§ 2301—2314.

[14] 41 U.S.C. §§ 251—260.

[15] 41 C.F.R., chapter 1.

[16] Diese Beschaffungsregeln, d. h. z. B. die NASA PR und die ASPR haben, sofern innerhalb der gesetzlichen Ermächtigung, „the force of law", vgl. Paul v. United States, 371 U.S. 245 (1963). Diese Entscheidung des Supreme Court wurde von vielen Stellen unter dem Hinweis kritisiert, daß die Gefahr bestehe, daß Klauseln und Regeln Vertragsinhalt würden, von denen der Auftragnehmer gar nichts wisse, vgl. *Donelly*, The Milkman Rings Twice: Has Paul v. United States given Federal Procurement Regulation the Force of Statutory Law?, 29 Law & Contemporary Problems, 347 (1964); ferner *Cibinic*, Contract by Regulation, 32 George Washington L.Rev. 111 (1963). Nach der unerwarteten Entscheidung in Scanwell Laboratories v. Shaffer, 424 F.2d 859 (D.C. Cir. 1970), in der dem enttäuschten „prospektiven Auftragnehmer" die Klagebefugnis zugesprochen wurde, könnte die Entscheidung Paul v. United States, welche die Beschaffungsverordnungen als bindendes Recht zu verstehen scheint, auch insofern bedeutsam werden, als sie dem „prospektiven Auftragnehmer" die Möglichkeit gibt, die ihm günstigen Beschaffungsregeln durchzusetzen, da letztere „the force of Law" haben.

[17] Zur „ultra-vires" Lehre, die den herkömmlichen deutschen Rechtsvorstellungen, nach denen selbständige Verwaltungsträger grundsätzlich die selbe volle Rechtsfähigkeit des Privatrechts besitzen wie etwa eine Aktiengesellschaft, fremd ist, vgl. *Bullinger*, Vertrag und Verwaltungsakt (Schriftenreihe res publica, Bd. 9), Stuttgart, Berlin, Köln, Mainz 1968, S. 30.

[18] Die Richtlinien und die Handbücher dürften, im Gegensatz zu den Organisationsanweisungen, den rechtlichen Rang der NASA PR haben.

2. Organisation

Die NASA hat durchschnittlich ein jährliches Budget von drei Milliarden Dollar. Etwa neunzig Prozent dieser Summe werden als Entgelt für FE-Arbeiten an die private Industrie abgeführt. Die übrigen zehn Prozent werden für sogenannte „in house"-Arbeiten verwandt, d. h. für grundlegende FE-Tätigkeiten, welche die NASA in eigener Regie durchführt.

Der NASA-Administrator hat die Verantwortung für die gesamte Tätigkeit der Raumfahrtbehörde. Ihm stehen ein stellvertretender Administrator („Deputy Administrator") und mehrere beigeordnete Administratoren („Associate Administrators") zur Seite. Dem Associate Administrator für „organisation and management" obliegt die Kontrolle der Programme und Projekte der NASA unter dem Blickwinkel sorgfältiger Organisation und effizienter Beschaffungstechniken. Bei dieser Aufgabe wird der Associate Administrator durch den Leiter des Raumfahrt-Beschaffungsamtes („NASA Procurement Office") unterstützt[19].

Die NASA-Administratoren, die Führungsgruppen für Planung und Koordination der Programme und das Raumfahrtbeschaffungsamt haben ihren Sitz in „NASA Headquarters" in Washington D.C. Zwölf Außenstellen („field centers") sind für die Ausführung der Programme, insbesondere für das Projektmanagement und die laufende Überwachung der an die Raumfahrtindustrie vergebenen FE-Aufgaben und die Operation der entwickelten Systeme zuständig[20]. Das erwähnte „in house work" wird in den einzelnen Außenstellen von Wissenschaftlern, Ingenieuren und Technikern der NASA geleistet, welche unter anderem die Aufgabe haben, die von der Raumfahrtindustrie an die NASA herangetragenen technologischen Ideen und Konzepte vorzuprüfen. Vor allem aber sollen diese wissenschaftlichen und technischen Stäbe innerhalb der NASA garantieren, daß die Raumfahrtbehörde über den Sachverstand verfügt, den sie braucht, um die geeignetsten Auftragnehmer

---

[19] Das Raumfahrt-Beschaffungsamt ist die Zentralinstanz für sämtliche Beschaffungsangelegenheiten. Ihm obliegt die laufende Anpassung der Beschaffungsregeln an die wechselnden technischen und organisatorischen Bedürfnisse, sowie die Überwachung der untergeordneten Beschaffungsämter in den Außenstellen der NASA. Zur Organisation der NASA im allgemeinen, vgl. United States Government Organisation Manual, 1969—1970, Washington D.C. 1969, S. 462.

[20] Die bekanntesten Außenstellen sind das „Manned Spacecraft Center" in Houston, Texas, und das „Marshall Space Flight Center" in Huntsville, Alabama.

für ihre FE-Projekte auszuwählen und ihre Führungsposition im Projektmanagement glaubwürdig ausfüllen zu können[21].

III. Formen der Vergabe von Staatsaufträgen

Im herkömmlichen amerikanischen Beschaffungsrecht sind die Öffentliche Ausschreibung („*Formal Advertising*") und die Freihändige Vergabe („*Negotiation*") als Grundformen der Beschaffung von Gütern und Diensten durch die staatlichen Stellen anzusehen[22]. Diese Grundformen können variiert werden. Zum Beispiel ist das „*Two Step Formal Advertising*" eine Beschaffungstechnik, welche die Öffentliche Ausschreibung und die Freihändige Vergabe kombiniert: In der ersten Stufe finden Verhandlungen mit verschiedenen in Frage kommenden Unternehmen statt. Der Ausgang dieser Verhandlungen entscheidet darüber, welche Firmen zu der in der zweiten Stufe veranstalteten Beschränkten Ausschreibung zugelassen werden[23].

Die Öffentliche Ausschreibung eignet sich vorwiegend für Beschaffungen im konventionellen Sinne, d. h. den Ankauf großer Mengen gleichförmiger Güter für den mehr oder weniger alltäglichen Gebrauch der Verwaltung. Gerade diese Art der Beschaffung ist aber für die NASA, die vorwiegend FE-Arbeiten vergibt, untypisch. So wurden im Haushaltsjahr 1968 nur etwa zwei Prozent der Gelder, welche die NASA im Rahmen von Zahlungen für Staatsaufträge der Industrie zufließen ließ, für Aufträge ausgegeben, die durch Öffentliche Ausschreibung vergeben worden waren[24]. Die normale Beschaffungstechnik der NASA ist die Freihändige Vergabe („Negotiation"). Große FE-Projekte werden im Verfahren der „Freihändigen Vergabe unter Wettbewerbsbedingun-

---

[21] Häufig wechseln die qualifiziertesten Wissenschaftler und Techniker und natürlich auch Manager der NASA nach einer gewissen Zeit zur Raumfahrtindustrie über. Die Nachteile, die sich dadurch für das „öffentliche Interesse" an der Integrität des Beschaffungsprozesses ergeben können, wurden bereits erwähnt, vgl. dazu auch den sogenannten „*Bell Report*", Bureau of the Budget Report to the President on Government Contracting for Research and Development, Senate Document No. 94, 87th Cong., 2d Sess. (1962).

[22] Zu der wirtschaftlichen Bedeutung der Öffentlichen Ausschreibung in der Bundesrepublik und den USA, vgl. *Gandenberger*, Die Ausschreibung, Organisierte Konkurrenz um öffentliche Aufträge (Diss.), Mainz 1961; ferner *Dülz*, Staatliche Einkaufsmethoden in den Vereinigten Staaten (Diss.) Mainz 1958. „Formal Advertising" ist in NASA PR 2.000 ff. und „Negotiation" in NASA PR 3.000 ff. geregelt. Die entsprechenden Vorschriften für das deutsche Beschaffungswesen finden sich in § 3 und §§ 17 ff. der VOL/A.

[23] Vgl. NASA PR 2.501 ff.; siehe auch *Pasley*, Unconventional Methods of Procurement, Briefing Papers, No. 69.4, S. 1. (1969).

[24] Vgl. Hearings before a Subcommittee of the House Committee on Government Operations on HR 474, 91st Cong., 1st Sess. pt. 2, S. 508 (1969).

gen mit Bewertungsausschüssen" *("Source Evaluation Board Procedure")* vergeben. Trotzdem kann auf eine knappe Darstellung des „Formal Advertising" nicht verzichtet werden, da diese Beschaffungsmethode nach wie vor die Grundlage für die komplexeren Beschaffungstechniken ist. In diesem Zusammenhang wird auch die Frage des generellen Ausschlusses bestimmter Unternehmen von Staatsaufträgen *("Debarment")* kurz erwähnt.

1. Die beiden Grundformen der Beschaffung: Öffentliche Ausschreibung und Freihändige Vergabe sowie die Frage des Ausschlusses bestimmter Unternehmen von Staatsaufträgen

Die Frage des Ausschlusses bestimmter Unternehmen von Staatsaufträgen wird im amerikanischen Beschaffungsrecht mit dem Stichwort „Debarment" oder etwas prosaischer als „blacklisting" bezeichnet. Für große FE-Aufträge ist dieses Problem ohne Bedeutung, und zwar schon deswegen, weil es unwahrscheinlich ist, daß die NASA oder das DOD — selbst im Falle eines festgestellten Submissionskartells — Firmen wie Gruman Aircraft, McDonnell Douglas oder Lockheed Missile & Space Co. auf eine *„blacklist"* setzen, da weder das DOD noch die NASA sich dieser qualifizierten Auftragnehmer für FE-Arbeiten berauben können.

a) Der Ausschluß bestimmter Unternehmen von Staatsaufträgen („Debarment")

Die NASA und das DOD verfügen über Listen, in denen diejenigen Firmen aufgeführt sind, welche aus bestimmten Gründen für die Vergabe von Staatsaufträgen nicht in Frage kommen. Dies sind die sogenannten legalen „blacklists". Vor einem Jahrzehnt gab es in der einschlägigen Industrie und in beschaffungsrechtlich interessierten Kreisen heftige Diskussionen über die vermutete Existenz illegaler „blacklists", d. h. de facto-Ausschlüssen bestimmter Unternehmen von Staatsaufträgen aus anderen als in den Beschaffungsverordnungen aufgezählten Gründen[25]. Die „Administrative Conference"[26] hat sich daher im Jahre

---

[25] Vgl. NASA PR 1.603 und Fn. 29 in diesem Teil.
[26] Vgl. 5 U.S.C., §§ 571—576 („Administrative Procedure Act") Die „Administrative Conference" stellt ein Gremium von „Administrative Law"-Experten dar, in welchem Verwaltungsbehörden, Wirtschaftsverbände, Anwälte und Professoren vertreten sind. Diese Einrichtung hat beratende Funktion. Ihr obliegt insbesondere die laufende Angleichung des „Administrative Law" an die sich wandelnden Verhältnisse und die Aufdeckung von Mißständen. In diesem Umfang hat sie die Rolle eines „Ombudsman", vgl. auch *Fuchs,* The Administrative Conference of the United States, 15 Adm.L.Rev. 6 (1963).

1962 ausgiebig mit der Frage des illegalen de facto-„Debarment" beschäftigt[27].

Die Macht des „Debarment" liegt beim NASA-Administrator oder seinem Vertreter[28]. Die Voraussetzungen für die Ausübung der „Debarment-power" sind in der NASA-PR aufgeführt[29]. Dabei ist die Entscheidung jeweils nach der besonderen Lage des Falles zu treffen[30]. Die NASA PR erklärt, daß die Eintragung einer Firma in die „Debarmentlist" als Selbstschutzmaßnahme des Staates, nicht aber als Bestrafung des betroffenen Unternehmens anzusehen sei[31]. Damit versucht die NASA, dahingehende Vorwürfe abzubiegen, daß es sich beim „Debarment" um eine verfassungswidrige Bestrafung ohne vorhergehende formelle Verurteilung handle[32].

Die wesentlichen Grundsätze des „Debarment"-Verfahrens sind folgende:

(1) Die Beschaffungsspezialisten der Außenstellen legen dem Raumfahrt-Beschaffungsamt in Washington Berichte vor, die den Ausschluß bestimmter Unternehmen von Arbeiten im Rahmen von Staatsaufträgen empfehlen[33].

(2) Den betroffenen Unternehmen ist die Absicht, sie auszuschließen, anzuzeigen. Dabei muß eine Frist für eine etwaige Gegendarstellung von seiten des betroffenen Unternehmens gewährt werden[34].

(3) Ist der Ausschluß vollzogen, dann werden die betroffenen Unternehmen benachrichtigt. Der „Ausschluß" darf nicht länger als drei Jahre dauern.

Die „General Services Administration"[35] führt eine zentrale „blacklist", die sämtliche „Debarment"-Vorfälle aller Beschaffungsstellen ent-

---

[27] *Administrative Conference of the United States, Committee on Adjudications of Claims,* Debarment and Suspension of Persons from Government Contracting and Federally Assisted Construction Work, Washington D.C. 1962.
Im Jahre 1968 wurde von mehreren Stellen vorgeschlagen, daß sich die Administrative Conference nochmals mit der Problematik beschäftigen solle. Eine vorbereitende Studie ergab jedoch, daß die Beschaffungsbehörden in der Praxis die Empfehlungen des Berichtes von 1964 (veröffentlicht auch in Recommendation No. 29, Senate Document No. 2, 88th Congr. 1st Sess. [1964]) weitgehend befolgt haben
[28] NASA PR 1.601—50(a).
[29] Zu den in der NASA PR aufgezählten Gründen für „Debarment" gehören Verstöße gegen Minimallohn- und Arbeitssicherheitsbestimmungen, Betrug, Kartellrechtliche Vergehen. Vor allem aber ist die Tatsache des Ausschlusses durch eine andere Beschaffungsstelle ein automatisch wirkender Grund für „Debarment".
[30] NASA PR 1.601-50(a).
[31] NASA PR 601-50(a).
[32] Vgl. das 6. Amendment der amerikanischen Verfassung.
[33] NASA PR 1.604-50.
[34] NASA PR 1.604-4(a).
[35] Der General Services Administration obliegt zum Teil die Betreuung und Verwaltung des Bundeseigentums. Darüber hinaus hat diese Behörde bestimmte Beschaffungsaufgaben, vgl. United States Government Manual, 1969—1970, Washington D.C. 1969, S. 446.

hält. Da diese Liste in regelmäßigen Abständen allen staatlichen Beschaffungsbehörden auf Bundesebene zugestellt wird, und diese die dort aufgeführten Unternehmen automatisch von ihren Aufträgen ausschließen, kann das „Debarment" den Ruin des betroffenen Unternehmens bedeuten, wenn es sich zu sehr auf Staatsaufträge eingestellt hat[36].

b) Die Öffentliche Ausschreibung („Formal Advertising")

Im Grunde kennt das amerikanische Beschaffungsrecht nur eine Beschaffungstechnik im Sinne eines festumrissenen Begriffes, nämlich die „Öffentliche Ausschreibung" („Formal Advertising"). Auf der Gegenseite der Skala der Beschaffungstechniken steht die Freihändige Vergabe („Negotiation"), die kein „word of art" ist, sondern nur per exclusionem als diejenige Beschaffungstechnik definiert werden kann, die besonders wenige Elemente des „Formal Advertising" enthält. Das Ziel aller Beschaffungstechniken ist grundsätzlich das gleiche: Erwerb eines Gegenstandes oder einer Leistung von höchstmöglicher Güte mit möglichst geringen Kosten und möglichst kleinem Zeitaufwand.

Formal Advertising bedeutet, daß zunächst eine Ausschreibung erfolgt, dann die eingegangenen Angebote geöffnet werden und schließlich der Auftrag an den *„lowest responsible and responsive bidder"* vergeben wird[37], d. h. an dasjenige Unternehmen, welches einerseits die wirtschaftliche und organisatorische Kapazität für die Erfüllung des Auftrages besitzt *(„responsibility")*, und zum anderen ein Angebot *(„bid")* abgegeben hat, das genau den Spezifikationen der Ausschreibung entspricht *(„responsiveness")*, und dessen Angebot preislich am günstigsten liegt („the lowest bid"). Bei der Bestimmung der „responsibility" hat der Beschaffungsspezialist einen Ermessensspielraum („discretion"), bei der Auswahl der „bids" ist er hingegen gebunden, da er lediglich auf den niedrigsten Preis zu sehen hat. Förmliche Ausschreibungen haben gegenüber der Freihändigen Vergabe den Vorteil, daß sie die Möglichkeit willkürlicher Entscheidungen verringern, da der Beschaffungsspezialist im wesentlichen lediglich das preislich günstigste Angebot auszusuchen hat. Zudem garantieren förmliche Ausschreibungen in vielen Fällen einen wirksamen Wettbewerb.

Das „Formal Advertising" wird von folgenden Grundsätzen beherrscht:

---

[36] Dazu *Gantt* und *Panzer*, The Government Blacklist: Debarment and Suspension of Bidders on Government Contracts, 25 George Washington L.Rev. 175 (1957).
[37] NASA PR 2.407-1.

III. Formen der Vergabe von Staatsaufträgen

(1) Die Vorbereitung der Öffentlichen Ausschreibung („*invitation for bids*"): Die NASA, d. h. das „field center", hat seine Forderungen an den zu beschaffenden Gegenstand so klar und ausführlich wie möglich darzustellen. Dabei sind unnötige restriktive Spezifikationen, welche die Anzahl der in Frage kommenden Unternehmen unangemessen beschränken könnten, zu unterlassen[38]. Diese Vorschrift scheint dem Kongreß gegenüber demonstrieren zu wollen, daß die NASA entschlossen ist, einer gewissen Praxis entgegenzutreten, welche die Spezifikationen so zurechtschustert, daß nur ein ganz bestimmtes, oder nur einige wenige Unternehmen, z. B. die gut vorbereiteten Autoren der Beschaffungsidee, erfolgversprechende Angebote machen können. Diejenigen Firmen, welche auf der Postliste der NASA für bestimmte Aufträge („bidders mailing list") stehen, erhalten die Einladung zur Abgabe von Angeboten zugestellt. Die übrigen Firmen können von der Ausschreibung in den Zeitungen, Handelsblättern und insbesondere der Synopsis des Commerce Business Daily[39] erfahren. Es ist dem Beschaffungsspezialisten verboten, nach der „invitation for bids" Auskünfte über die Beschaffung zu geben.

(2) Die Vergabe: Der Auftrag wird an den „lowest responsible and responsive bidder" vergeben. Die erfolglosen bidder müssen sofort benachrichtigt werden. Ein erfolgloser „bidder", dessen Angebot preislich günstiger war als dasjenige des erfolgreichen Anbieters hat das Recht, nachträglich die Gründe zu erfahren, welche zu der „*determination of non-responsibility*" geführt haben. Vor der „determination of responsibility" haben die prospektiven Auftragnehmer hingegen keine Möglichkeit, zu erfahren, welches Material gegen sie verwendet wird. Vor allem haben sie kein Recht auf Gegendarstellung oder gar Anhörung. Das erscheint als bedenklich, denn eine „determination of non-responsibility" kann einem Unternehmen einen derart schlechten Ruf einbringen, daß ihm schwere wirtschaftliche Einbußen drohen.

(3) „Protests": Fühlt sich ein Unternehmen im Verfahren der Auftragsvergabe ungerecht behandelt, oder hat es sonst einen Grund zur Unzufriedenheit, so steht es ihm frei, eine Beschwerde („protest") zu formulieren und diese an das Raumfahrtbeschaffungsamt zu senden. Darüber hinaus besteht auch die Möglichkeit, eine Beschwerde an den Bundesrechnungshof oder ein Mitglied des Kongresses zu adressieren[40]. Macht ein Unternehmer von dieser Möglichkeit Gebrauch, so soll die endgültige Auftragsvergabe bis zur Entscheidung über den „protest" aufgehalten werden[41]. In der Praxis wird dieses Gebot nur selten befolgt.

c) Die Freihändige Vergabe („Negotiation")

„Negotiation" bedeutet zunächst, daß der Auftragsvergabe Verhandlungen mit den prospektiven Auftragnehmern vorangehen. Letztere werden durch eine besondere „Aufforderung zur Abgabe von Angeboten" („*request for proposals*") über die jeweilige Beschaffung infor-

---

[38] NASA PR 2.101.
[39] Diesem Mitteilungsblatt kommt eine ähnliche Bedeutung wie dem „Bundesausschreibungsblatt" zu.
[40] Dazu unten im Vierten Teil, III und V.
[41] NASA PR 2.407-8 (b) (3).

miert[42]. In der amerikanischen beschaffungsrechtlichen Literatur und vor allem in den einschlägigen Ausschüssen des Kongresses wurde wiederholt die Behauptung aufgestellt, daß die Freihändige Vergabe, im Gegensatz zur Förmlichen Ausschreibung, keinen wirksamen Preis- und Qualitätswettbewerb gewährleiste[43]. Die Behauptung ist in dieser globalen Form jedoch nicht zutreffend, denn der Wettbewerb im Rahmen einer „Freihändigen Vergabe unter Wettbewerbsbedingungen" („*Competitive Negotiation*"), in der mit mehreren Firmen zu gleicher Zeit verhandelt wird, ist oft wesentlich schärfer als der Wettbewerb im Rahmen einer Öffentlichen Ausschreibung. Einer der Gründe dafür ist, daß bei der Öffentlichen Ausschreibung die prospektiven Auftragnehmer die Preisangebote ihrer Konkurrenten nicht kennen; in der „Competitive Negotiation" hingegen sind die Preisangebote (nicht dagegen die technische Seite der „proposals") meistens allen prospektiven Auftragnehmern bekannt. Das führt oft dazu, daß sich die konkurrierenden Unternehmen gegenseitig bis an eine Mindestgewinngrenze unterbieten.

Trotzdem geht der Kongreß nach wie vor davon aus, daß die Öffentliche Ausschreibung, wegen des angeblich wirksameren Wettbewerbes, dem Grundsatz der Sparsamkeit bei der Ausgabe öffentlicher Mittel besser gerecht werde als die Freihändige Vergabe. Deswegen läßt der „Armed Services Procurement Act" die „Negotiation" auch nur unter ganz bestimmten Bedingungen als Ausnahme zu[44]. Eine dieser Ausnahmen ist „experimental, developmental or research work", da es in diesen Fällen meistens an den genauen Spezifikationen mangelt, ohne die eine Förmliche Ausschreibung nicht durchführbar ist. Unter dieser Ausnahmevorschrift beschafft die NASA nahezu alle FE-Arbeiten für die Raumfahrt.

Hinsichtlich der „determination of responsibility" und der „protests" gilt für die Freihändige Vergabe das gleiche wie für die Öffentliche Ausschreibung. Anzumerken wäre noch, daß es sogenannte „*Sole Source Situations*" gibt, in denen der Beschaffungsspezialist die Überzeugung gewinnt, daß nur ein ganz bestimmtes Unternehmen die speziellen Fähigkeiten für einen Auftrag hat. In diesem Falle muß der Beschaffungsspezialist dem NASA Headquarters eine besondere Begründung („*justification*")[45] vorlegen. Andere Unternehmen, die an dem betreffenden Auftrag ebenfalls interessiert sind, werden nicht gehört.

---

[42] Doch können auch solche Unternehmen Angebote vorlegen, die keine ausdrückliche Aufforderung erhalten haben.
[43] *Doke*, Contract Formation, Remedies and Special Problems, 2 Public Contract L.J., 14 (1968).
[44] NASA PR 3.200 ff.
[45] NASA PR 3.802-3.

2. Die Freihändige Vergabe unter Wettbewerbsbedingungen mit Bewertungsausschüssen („Source Evaluation Board Procedure")

Für die Auswahl der Auftragnehmer für große FE-Projekte der Weltraumforschung, deren einmalige Kosten höher als eine Million Dollar geschätzt werden, oder aber im Falle der phasenweisen Vergabe des Projektes[46] mit größter Wahrscheinlichkeit diesen Betrag überschreiten, hat die NASA eine besondere Vergabetechnik, die „*Freihändige Vergabe unter Wettbewerbsbedingungen mit Bewertungsausschüssen*" („*Source Evaluation Board [SEB] Procedure*") entwickelt. Die Regeln, nach denen sich dieses Verfahren richtet, finden sich im „NASA Source Evaluation Board Manual"[47].

a) Gründe für die Einrichtung des Bewertungsverfahrens

Es gibt eine Reihe von ökonomischen und organisatorischen Gründen für die Einführung des SEB- oder Bewertungsverfahrens. Inwieweit dieses Verfahren auch die Schutzmöglichkeiten des prospektiven Auftragnehmers gegen Willkür der Vergabestelle bzw. der NASA-Administratoren verbessert, bleibt noch zu untersuchen.

(1) Ein entscheidender Gesichtspunkt bei der Einführung des Bewertungsverfahrens war die Notwendigkeit eines Ausgleiches zwischen Wettbewerb und Verschwendung. Man muß sich nur die Kosten vor Augen halten, die einem prospektiven Auftragnehmer bei der Ausarbeitung eines Angebotes für einen FE-Auftrag („*proposal*") entstehen, um sich der Forderung nach Eindämmung unnötiger Ausgaben anzuschließen[48]. Das Bewertungsverfahren soll daher garantieren, daß solche Unternehmen, die nur geringe Chancen haben, den Auftrag zu gewinnen, am Vergabeverfahren überhaupt nicht, oder nur bis zu einem gewissen Stadium teilnehmen[49].

(2) Ein anderer Grund für die Einführung des Bewertungsverfahrens war das Bedürfnis der „field center"-Direktoren, bzw. der NASA-Administra-

---

[46] Dazu in Unterabschnitt IV dieses Teils.

[47] NASA Source Evaluation Board Manual, NCP 402, Washington D.C. 1964 (im folgenden SEB-Manual).

[48] Vgl. *Cavanagh*, Problems in Contractor Selection, in Research & Development Contracting, The George Washington University (Hrsg.) Washington D.C. 1963, S. 87. Oft werden diese Kosten im Rahmen späterer Aufträge auf die NASA oder das DOD abgewälzt, so daß — abgesehen von dem Vorteil einer echten Vergrößerung des wissenschaftlichen und technologischen Potentials, — der Steuerzahler den Nachteil trägt, da er die Kosten für die Verschwendung bezahlen muß; dazu *Proxmire*, Report from Wasteland, Americas Military-Industrial Complex, New York, Washington, London 1970; ferner House Committee on Appropriations, Department of Defense Appropriations for 1968, 90th Cong., 1st Sess. pt. 3, S. 64—65 (1967).

[49] *Nolan*, The NASA Source Evaluation Board Process: A Descriptive Analysis, Houston 1967, S. 6.

toren[50] nach umfassender Information und Beratung bei der Beurteilung der Kapazität der anbietenden Unternehmen und der Qualität der Angebote[51].

Zumal bei großen FE-Projekten bestand ein Bedürfnis nach ad hoc-Gremien, die — ähnlich einer Operations Research Gruppe[52] — außerhalb der Hierarchie der Linienfunktionäre eine Stabsstellung einnehmen sollten, um auf diese Weise einen authentischen und ungehinderten Informationsfluß außerhalb des Dienstweges zur Behördenspitze zu gewährleisten[53].

(3) Der entscheidenste Grund für die Einführung des Bewertungsverfahrens ist jedoch darin zu sehen, daß die traditionellen Beschaffungstechniken den Anforderungen großer FE-Projekte nicht mehr gerecht werden. Insbesondere die starren Regeln der Förmlichen Ausschreibung, bei der es — abgesehen von der meistens sehr summarischen „determination of responsibility" — lediglich auf einen Vergleich der Preisangebote ankommt, erwiesen sich für große FE-Projekte als ungenügend. Die Freihändige Vergabe („Negotiation") bot dagegen eine größere Flexibilität, da diese Beschaffungstechnik nicht den strengen Zwang kennt, das preislich günstigste Angebot vorrangig zu behandeln, und damit die Möglichkeit eröffnet, anderen Faktoren, wie z. B. der technischen Erfahrung, den Vereinbarungen über Unter-Aufträge („subcontracts"), der Organisation und der Qualität der führenden Personen im Unternehmen, eine größere Bedeutung als Entscheidungskriterien zuzumessen, als allein dem Preis[54].

b) Der Ablauf des Verfahrens der Vergabe
großer Forschungs- und Entwicklungsaufträge unter
Beteiligung von Bewertungsausschüssen

Jede Projektidee hat ihre besondere Entstehungsgeschichte. Manchmal stammt sie von den „in house" arbeitenden Technikern und Wissenschaftlern der NASA. Meistens wird sie jedoch von der Raumfahrt-

---

[50] Die abschließende Entscheidung über die Vertragsvergabe wird bei Aufträgen bis zu 5 Millionen Dollar vom „field-center"-Direktor getroffen. Bei Aufträgen, deren Preis (d. h. meistens Selbstkostenerstattung plus kalkulierter Gewinn mit „incentive"-Klauseln, vgl. Zweiter Teil Fn. 24, höher liegt, treffen die NASA-Administratoren die endgültige Entscheidung, vgl. NASA SEB-Manual, 102. Das gleiche gilt in den oben erwähnten „Sole Source Situations".

[51] Das SEB-Verfahren der NASA wurde vom BMWB, bzw. der GfW in etwas modifizierter Form übernommen und zum erstenmal bei der Vergabe der Satelliten-Projekte Aeros und Helios praktiziert, vgl. Pressedienste des Bundesministeriums für Bildung und Wissenschaft, Nr. 8/1970 (15. April 1970), S. 69; Nr. 6/70 (18. März 1970), S. 52; Nr. 15/69 (24. Juli 1969).

[52] Vgl. *Simon*, A Lay Discussion of Operations Research, in *Lazure* und *Murphy* (Hrsg.) Research and Development Procurement Law, The Federal Bar Journal, Washington D.C. 1967, S. 487.

[53] *Zangwill*, Top Management and the Selection of Major Contractors at NASA, 12 California Management Review, S. 43 (1969).

[54] *Nolan*, aaO., S. 9.

III. Formen der Vergabe von Staatsaufträgen

industrie an die NASA herangetragen. Der Kampf um den künftigen FE-Auftrag beginnt schon beim Aufgreifen der Projektidee, da die Vertreter der NASA bereits vor dem Beginn des eigentlichen Vergabeverfahrens jeweils bestimmte Unternehmen der Raumfahrtindustrie konsultieren, um ihre Projekt-Vorstellungen einer gewissen Konkretisierung zuzuführen. Diese Übung bringt einige Probleme mit sich:

(1) Zwar ist es wünschenswert, daß sich möglichst viele Köpfe um die optimale Zukunft der Weltraumforschung kümmern, und insofern ist es ein Vorteil, wenn NASA und Raumfahrtindustrie gemeinsam an Zukunftsplänen arbeiten, weil damit dem Denken in zu engen Kanälen vorgebeugt werden kann. Andererseits aber stellt diese Übung eine Gefahr für das „öffentliche Interesse" an der Integrität des Vergabeprozesses dar, weil einzelne Firmen der Raumfahrtindustrie, je nach Einfluß, die NASA beherrschen und für ihre Interessen einsetzen können[55]. Da die großen Firmen der Raumfahrtindustrie in unterschiedlichem Maße konsultiert werden, ergibt sich auch das Problem, daß bestimmte Unternehmen sich einen beträchtlichen Informationsvorsprung hinsichtlich künftiger Beschaffungen sichern und deshalb schon frühzeitig ihre FE-Arbeiten abstimmen können, was angesichts der relativ kurzen Fristen für die Abgabe von Angeboten ein echter Vorteil ist[56].

Dieser Informationsvorsprung braucht nicht auf die Indiskretion eines NASA-Angestellten zurückzuführen sein. Vielfach können die konsultierten Unternehmen die Beschaffungspläne der NASA erraten. Einige Konzerne der Luft- und Raumfahrtindustrie unterhalten sogar eine Art „Geheimdienst", dessen Aufgabe darin besteht, Informationen zusammenzutragen, die Rückschlüsse auf künftige FE-Beschaffungen der NASA und des DOD zulassen[57].

(2) Andererseits bergen die erwähnten Konsultationen über künftige Programm- oder Projektpläne auch Gefahren für die beigezogenen Unternehmen. Es ist schon vorgekommen, daß die NASA oder das DOD die Vorstellungen, welche die betreffenden Firmen in den Besprechungen unterbreiteten, anderen Firmen mitteilten oder gar zur Grundlage für eine „Aufforderung zur Abgabe von Angeboten" („request for proposals") machten, wodurch Geheimnisse technischer Art („trade secret") den Konkurrenten verraten wurden, ohne daß die betroffenen Firmen einen Vorteil oder Ausgleich erlangt hätten[58].

Wenn die Projektidee so weit gereift ist, daß eine funktionale Beschreibung des FE-Vorhabens möglich ist, dann beginnt das eigentliche Verfahren der Vergabe des FE-Auftrages, der *„Source Evaluation Board Process"*:

---

[55] Vgl. oben im Zweiten Teil, II,4.
[56] Dazu *Danhof*, Government Contracting and Technological Change, Washington D.C. 1968, S. 273 ff.
[57] Dazu *Danhof*, aaO., S. 237.
[58] Vgl. *Danhof*, aaO., S. 248 ff.; ferner *Nash* und *Lasken*, Procurement of Technical Data, in Patents and Technical Data, Government Contracts Monograph No. 10, Government Contracts Program, The George Washington University, Washington D.C. 1967, S. 106.

44 3. Teil: Rechtliche und organisatorische Grundlagen

(1) Zunächst wird der Bewertungsausschuß („Source Evaluation Board") aus NASA-Angestellten verschiedenster Rangstufen und Betätigungsfeldern zusammengesetzt. Es muß zuvor festgestellt werden, daß die Mitglieder des Bewertungsausschusses unbefangen sind, insbesondere keine besonderen Interessen an einem der Unternehmen haben, die für den Auftrag in Frage kommen[59].

(2) Die erste Aufgabe des Bewertungsausschusses ist die Vorbereitung der „Aufforderung zur Abgabe von Angeboten" („*request for proposals*"). Der Ausschuß hat die Kriterien zu bestimmen, auf Grund derer die einkommenden Angebote bewertet werden sollen. Auch die Gewichtungen der Kriterien im Verhältnis zueinander müssen festgelegt werden[60]. Dabei muß gewährleistet sein, daß die Gewichtungen keines der in Frage kommenden Unternehmen benachteiligen[61]. Dieses Stadium des Verfahrens ist sehr wichtig, da der Grad der Sorgfalt bei der Abfassung der „requests for proposals", insbesondere der Bestimmung der Kriterien und Gewichtungen darüber entscheidet, mit welcher Präzision der Bewertungsausschuß in einer späteren Phase des Verfahrens die einkommenden Angebote beurteilen kann. Die Gewichtungen müssen geheim gehalten werden[62]. Über die Kriterien dürfen dagegen Hinweise gegeben werden.

(3) Nach Aussendung der Unterlagen für die Beschaffung („requests for proposals") wird eine sogenannte „*preposal conference*"[63] abgehalten, in der die interessierten Unternehmen aufklärende Fragen stellen können.

(4) Die eigentliche Arbeit des Bewertungsausschusses beginnt dann, wenn die Angbote („proposals") der prospektiven Auftragnehmer eingegangen sind. Jedes Angebot ist sorgfältig zu analysieren und entsprechend den Kriterien und dem festgelegten Bewertungsschlüssel mit einer Punktzahl zu bewerten (sogenanntes „*rating*"). Dieser Bewertungsvorgang ist keine einmalige Angelegenheit. Er muß vielmehr als ein stufenweise fortschreitender Prozeß begriffen werden, der auf jeder Bewertungsstufe eine Verkleinerung („*narrowing down*") des Kreises der potentiellen Auftragnehmer (sogenannter „*competitive range*") bewirkt und immer mehr prospektive Auftragnehmer ausschließt, bis schließlich der Auftrag an eine der Firmen, die diesen Ausscheidungskampf bis zuletzt durchgestanden haben, vergeben wird. Dabei haben diejenigen Firmen, welche auf der jeweiligen narrowing down-Stufe innerhalb des „Wettbewerbsbereiches" („competitive range") liegen, ein gesetzliches Recht auf münd-

---

[59] Zum Problem des „conflict of interest", vgl. SEB Manual 506; *Nolan*, aaO., S. 16.
[60] Es gibt *Qualifikations-* und *Bewertungskriterien*. Erstere entscheiden darüber, welche Unternehmen zur Abgabe von Angeboten aufgefordert werden. Nur letztere werden gewichtet; nach ihnen werden die einkommenden Angebote beurteilt, vgl. SEB Manual 500—503.
[61] SEB Manual 510.
[62] SEB Manual 515.
[63] Der Begriff der „preproposal conference" wurde in Anlehnung an die „pretrial conference" gebildet, die im amerikanischen Zivilprozeß vor Beginn der Verhandlungen der Identifizierung strittiger Punkte unter dem Gesichtspunkt eines Vergleiches dient; vgl. *Franklin*, The Biography of a legal Dispute, An Introduction to American Civil Procedure, New York 1968, S. 42.

III. Formen der Vergabe von Staatsaufträgen

liche oder schriftliche Erörterung ihrer Angebote[64]. Den übrigen prospektiven Auftragnehmern, welche im Prozeß der zunehmenden Verdünnung der Bandbreite des „competitive range" aus dem Wettbewerbsbereich herausfallen, steht ein solches Recht nicht zu. Insbesondere werden sie zur Entscheidung über ihren Ausschluß aus dem Wettbewerbsbereich nicht gehört.

In der **ersten** Stufe des Bewertungsverfahrens[65] werden diejenigen Angebote ausgesondert, die von vornherein ungeeignet sind. Dieser Vorgang wird als *„initial evaluation"* bezeichnet. In der **zweiten** Stufe, der *„intermediate evaluation"*, bedient sich der Bewertungsausschuß verschiedener Unterausschüsse, die detaillierte Untersuchungen über die Angebote anstellen müssen. Die Ergebnisse dieser Analysen werden dem Bewertungsausschuß in Form von Berichten vorgelegt. Der Bewertungsausschuß untersucht an Hand der Berichte, ob die Unterausschüsse sorgfältige Arbeit geleistet haben und nimmt auch Stichproben vor. Dann wird eine vorläufige Rangliste der prospektiven Auftragnehmer aufgestellt. Von diesen „überleben" diejenigen Firmen der nun stattfindenden Verkleinerungsprozeß, deren Angebote derart vielversprechend sind, daß der Bewertungsausschuß sie in die weiteren Ausscheidungen nehmen möchte. Diejenigen Firmen hingegen, deren Angebote selbst dann unterhalb einer bestimmten Punktzahl liegen würden, wenn alle Zweifelsfragen zu ihren Gunsten ausgelegt würden, müssen aus dem Verfahren ausscheiden. Jeder Schritt des Bewertungsausschusses, der zur Ausscheidung eines anbietenden Unternehmens aus dem Bewertungsverfahren führt, bedarf einer ausführlichen schriftlichen Begründung. Diese soll es dem NASA-Administrator, bzw. seinen Vertretern erlauben, den SEB-Prozeß auf seine Sachlichkeit nachzuprüfen; denn das Bewertungsverfahren soll die Entscheidung nicht vorwegnehmen, sondern lediglich zu tatsächlichen Feststellungen führen, auf Grund derer die NASA-Administratoren die endgültigen Vergabeentscheidungen treffen können.

In der **dritten** Stufe, der *„final evaluation"*, muß der Bewertungsausschuß zu derart detaillierten und eindeutigen Feststellungen gelangen, daß es dem „field-center"-Direktor, bzw. dem NASA-Administrator möglich ist, den Auftrag an dasjenige Unternehmen zu vergeben, das nach den Feststellungen des Bewertungsausschusses mit größter Wahrscheinlichkeit die FE-Aufgabe optimal lösen kann. Der Bewertungsausschuß hat daher die Aufgabe, herauszufinden, wo die schwachen Punkte der einzelnen prospektiven Auftragnehmer liegen, die nun noch im Wettbewerbsbereich sind. Zu diesem Zweck inspizieren die Mitglieder des Bewertungsausschusses die Produktionsanlagen der prospektiven Auftragnehmer, überprüfen deren Organisations- und Fertigungstechniken, rufen etwa vorhandene Informationen von der Data-Bank des DOD ab[66] und führen aufklärende Besprechungen mit den Vertretern der konkurrierenden Unternehmen, wobei die Firmen immer noch die Möglichkeiten haben, ihre Angebote zu ändern, d. h. diese technisch zu

---

[64] Vgl. 10 U.S.C., § 2304 (g): ... written or oral discussions shall be conducted with all responsible offerors who submit proposals within a competitive range, price and other factors considered ...".
[65] SEB-Manual 517 ff.
[66] Die offizielle Bezeichnung dieser elektronisch arbeitenden Data-Bank lautet: „Contractor Performance Evaluation (CPE) Report Data Bank."

verbessern und den Preis herabzusetzen[67]. Dann stellt der Bewertungsausschuß im Rahmen eines Schlußberichtes die endgültige Rangliste auf. Am Ende des Bewertungsverfahrens steht eine Konferenz, in der sich die NASA-Administratoren, bzw. bei normalen FE-Aufträgen[68] der „field-center"-Direktor und die Mitglieder des Bewertungsausschusses treffen. Auf der Grundlage des Schlußberichtes wird der Bewertungsausschuß eingehend über die Gründe für die einzelnen Bewertungen und die Untersuchungsmethoden befragt. Erst wenn die Administratoren die Überzeugung erlangt haben, daß die Bewertungen nicht willkürlich getroffen wurden, sondern sachlich begründet sind, wählen sie den Auftragnehmer aus. Kommen sie jedoch zu der Überzeugung, daß keiner der prospektiven Auftragnehmer durch ein überlegenes Angebot hervorsticht, so werden diejenigen Unternehmen, deren Angebote etwa gleich gut sind, für Vertragsverhandlungen unter Wettbewerbsbedingungen ausgewählt, was bedeutet, daß jedes Unternehmen so behandelt wird, als sollte es den FE-Auftrag erhalten. Die Vertragsmodalitäten werden bis in die letzten Einzelheiten ausgehandelt. Am Ende liegen den NASA-Administratoren mehrere fertige Verträge vor, aus denen sie einen auswählen, unterschreiben und den FE-Auftrag damit vergeben[69].

IV. Die organisatorische Seite des Vergabeverfahrens für Forschungs- und Entwicklungsaufträge

Es ist nur selten möglich, ein FE-Projekt in einem einzigen Anlauf so klar zu definieren, daß auf dieser Beschreibung bereits die Entwicklung aufbauen kann. Andererseits ist aber eine ausführliche und genaue Definition unbedingt erforderlich, denn jeder noch so unscheinbare Fehler in der Projektdefinition wächst sich in der Entwicklungsphase zu einem kostspieligen Problem aus. Die NASA hat dieses Problem dadurch gelöst, daß sie die Projektdefinition in mehrere Phasen unterteilt hat. Auf diese Weise ergibt sich sukzessive, gewissermaßen in einem Iterationsprozeß, aus einer allgemein gehaltenen Zielvorstellung die genaue Beschreibung des Projektes. Zudem soll dieses Verfahren der Planung und Durchführung von Projekten in Phasen („*Phased Pro-*

---

[67] Für die Unternehmen ist die Ausarbeitung und wiederholte Verbesserung der Angebote mit hohen Kosten verbunden. Da es keineswegs sicher ist, daß sie diese Kosten im Rahmen eines späteren Vertrages auf die NASA oder das DOD abwälzen können, obwohl diese Möglichkeit grundsätzlich besteht (vgl. Fn. 48 in diesem Teil), kommt es ihnen darauf an, möglichst früh zu erfahren, ob sie eine echte Chance haben, den Auftrag zu erhalten. Andererseits liegt der NASA vor allem am Wettbewerb, denn sie steht unter dem Druck der Forderung des Kongresses (vgl. 10 U.S.C. § 2304: ... „Negotiations shall reflect competition, so that the U.S. may receive the most advantageous contracts ..."). Aus diesem Grunde neigt die NASA eher dazu, die Unternehmen über ihre wahren Chancen im Bewertungsverfahren im Unklaren zu lassen.

[68] Vgl. Fn. 50 in diesem Teil.

[69] Vgl. SEB Manual 600—605.

IV. Die Organisation des Vergabeverfahrens für FE-Aufträge 47

ject Planning")[70] gewährleisten, daß die Ziele eines FE-Vorhabens innerhalb des vorgesehenen Rahmens an Zeit und Mitteln erreicht werden; vor allem aber soll dieses Verfahren verhindern, daß kostspielige Entwicklungen begonnen oder fortgeführt werden, bevor deren Realisierbarkeit hinreichend untersucht und bewiesen ist[71]. Das Verfahren der Planung und Durchführung von Projekten in Phasen ist durch seine Gliederung in vier Teile so strukturiert, daß ein progressiver Aufbau an Kenntnissen erfolgt, die an den vier Nahtstellen des Verfahrens jeweils zu einer Gesamtanalyse gebündelt werden können und eine Entscheidung über die Fortführbarkeit des Projektes erlauben. An diesen Nahtstellen können auch die technologischen Zielrichtungen, das Management und das mit dem Projekt befaßte Personal geändert und ersetzt werden. Das bedeutet insbesondere, daß die NASA an diesen Nahtstellen des in Phasen aufgeteilten FE-Prozesses jeweils einen neuen Vertragspartner auswählen kann, der die FE-Aufgabe übernimmt bzw. fortführt, so daß im Rahmen eines großen FE-Projektes bis zu vier Vergabeprozesse, d. h. vier Bewertungsverfahren stattfinden können[72].

1. Das Verfahren der Planung und Durchführung von Projekten in Phasen

Charakteristisch für „Phased Project Planning" ist, daß die NASA und die jeweiligen Vertragspartner aus der Raumfahrtindustrie den Weg vom Anfangsstadium der Ungewißheit über das eigentliche Forschungsziel[73], wo noch keine Spezifikationen vorliegen, bis zur Definition und Realisierung des Projektes in enger Kooperation unter der Leitung

---

[70] Die Regeln dieses Verfahrens finden sich im Phased Project Planning Guide, NHB 7121,2 Washington D.C. 1968. Die GfW hat die Regeln des „Phased Project Planning" für das deutsche Weltraumprogramm übernommen und in den Richtlinien für die Planung und Durchführung von „Projekten in Phasen", Projekt-Management Richtlinien PMR. 2.007-1, Bonn 1970, zusammengefaßt.
[71] *Mathews,* Management Aspects of Manned Space Flight Programs, 21 International Astronautical Congress, Konstanz 1970.
[72] In der Regel finden jedoch nur zwei Vergabeprozesse, nämlich in der 2. und 3. Phase statt. Der Gewinner des ersten Vergabeverfahrens hat in allen folgenden Vergabeverfahren seinen Konkurrenten gegenüber einen erheblichen Vorsprung an Sachkunde und damit auch die besten Chancen, die Aufträge für die folgenden Phasen zu gewinnen. Den konkurrierenden Unternehmen steht es jedoch frei, von sich aus an dem Forschungsgegenstand weiterzuarbeiten (*„independent research"*), um auch an den Auswahlverfahren der folgenden Phasen teilnehmen zu können.
[73] Vgl. oben im Zweiten Teil, II.

eines Projektmanagers zurücklegen[74]. Es können folgende vier Phasen unterschieden werden[75]:

Phase A: Durchführbarkeitsanalyse („preliminary analysis")
Phase B: Projektdefinition („definition")
Phase C: Entwurf („design")
Phase D: Entwicklung und Betrieb („development and operation").

Oft wird noch eine Eingangsphase vorgeschaltet, die der Analyse einer vorgeschlagenen Mission dient. Grundsätzlich jedoch gliedert sich der Projektablauf in die genannten drei Planungs- und Definitionsphasen (A, B, C) und eine Endphase (D).

Im folgenden werden die einzelnen Phasen kurz charakterisiert:

(1) In der Phase A müssen grundsätzliche Projektziele entwickelt werden. Die meiste Arbeit in dieser Phase wird durch die NASA „in house" erledigt und umfaßt vor allem Durchführbarkeitsstudien. Es werden auch Studienaufträge für einzelne Details an die Raumfahrtindustrie vergeben. Phase A dauert etwa 6—12 Monate.

(2) Phase B umfaßt detaillierte Studien und vergleichende Analysen, die der Auswahl einer optimalen Methode für die Projektverwirklichung dienen. In dieser Phase werden eine größere Anzahl von Studienaufträgen vergeben. Phase B dauert ebenfalls etwa 6 bis 12 Monate.

(3) Am Ende der Phase C muß eine endgültige Definition des Projektes stehen, die Vorbedingung für Entwicklung und Betrieb des Systems ist. Der abschließenden Definition gehen systemanalytische Forschungen mit Proben und Testen kritischer Subsysteme voraus. In der Regel werden in dieser Phase die gleichen Arbeiten an mehrere Auftragnehmer vergeben. Zuweilen wird auch bereits in dieser Phase ein Hauptauftragnehmer ausgewählt, der dann Unterverträge abschließt. Die Bedeutung der Phase C liegt darin, daß sie an den Punkt des Projektablaufes führt, an dem die NASA genau definieren kann, um welches Projekt es geht, d. h. erst jetzt weiß die NASA, was sie kaufen möchte. Daher kann erst in dieser Phase das Projekt als solches auf der Grundlage der vorliegenden Definition vergeben werden. Phase C dauert etwa 9 bis 12 Monate.

(4) Phase D umfaßt die endgültigen „hardware"-Entwürfe und Entwicklungen (einschließlich Ersatzsystemen und Untersystemen), Herstellung, Test und Betrieb.

Dieser vierphasige Projektablauf bildet die Regel. Häufig werden aber — je nach den Erfordernissen des Projektes — einzelne Phasen zusammengelegt, wobei der individuelle Organisationsstil sich von NASA-„field-center" zu „field-center" ändern kann[76].

---

[74] Das Gegenteil von *„Phased Project Planning"* ist das sogenannte *„Total Package Procurement"*, wo ein Auftragnehmer den gesamten Weg von der Projektidee bis zum fertigen Produkt allein zurücklegt; vgl. *Danhof*, Government Contracting and Technological Change, Washington D.C. 1968, S. 228, und Hearing on HR 474 before the House Committee on Government Operations, 91st Cong., 1 Sess, pt. 1, S. 291 (1969).
[75] Phased Project Planning Guide, NHB 7121,2, Washington D.C. 1968.
[76] *Barron,* Government Selection of Contractors for Research and Devel-

IV. Die Organisation des Vergabeverfahrens für FE-Aufträge

2. Die Verzahnung von Beschaffungstechniken und Organisation

Es ist wichtig zu verstehen, wie sich die Verfahren der Freihändigen Vergabe unter Wettbewerbsbedingungen mit Bewertungsausschüssen und das Verfahren der Planung und Durchführung von Projekten in Phasen ineinander fügen:

(1) Phase A: Wenn nötig, werden „Aufforderungen zur Abgabe von Angeboten" an die Raumfahrtindustrie versandt („requests for proposals"). In der Regel wählt der Beschaffungsspezialist den Auftragnehmer aus. Nur selten werden Bewertungsausschüsse zugezogen.

(2) Regelmäßig finden in Phase B Freihändige Vergaben unter Wettbewerbsbedingungen mit Bewertungsausschüssen statt.

(3) In Phase C werden in der Regel die Bewertungsausschüsse wieder verwendet, die bereits in der Phase B tätig waren.

(4) Sofern der Auftrag nicht bereits in Phase C vergeben wurde, ist der Kreis der prospektiven Auftragnehmer in Phase D grundsätzlich der gleiche wie in Phase C. Meistens liegt der Hauptauftragnehmer bereits in Phase C fest. Es kann jedoch vorkommen, daß die Spezifikationen nochmals abgeändert werden müssen. Dann werden revidierte „Aufforderungen zur Abgabe von Angeboten" verschickt und revidierte Angebote erbeten, die durch denselben Ausschuß bewertet werden, der bereits in Phase C tätig war.

Bemerkenswert ist noch, daß der Projektmanager[77], der für den Ablauf des Projektes von der ersten Missionsstudie bis zum Betrieb des Systems verantwortlich ist, und die Vergabespezialisten („source selection officials"), welche die Entscheidung über die Wahl des Auftragnehmers treffen, d. h. bei großen Aufträgen die Administratoren, im Rahmen der ad hoc-Projektorganisation weder in einer hierarchischen, noch ausdrücklich kollegialen Beziehung zueinander stehen[78]. Ihr Verhältnis zueinander ist absichtlich offengelassen worden. Damit soll erreicht werden, daß sich beide Organe gegenseitig kontrollieren. Der Sachzwang läßt sie kooperieren.

Beim Studium des Verfahrens der Planung und Durchführung von Projekten in Phasen, das als ein Meisterstück amerikanischer Manage-

---

opment, 1968 Conference on US Government R & D Contracts, Proceedings Manual, The George Washington University, Washington D.C. 1968, S. 15 ff.

[77] Der Projektleiter ist in der Regel ein NASA-Angestellter. In bestimmten Fällen wird aber auch die Projektleitung durch Auftrag an ein Unternehmen vergeben. Letzteres darf dann weder selbst noch durch andere Unternehmen, die von ihm rechtlich oder wirtschaftlich abhängig sind, an dem einzelnen Vergabeverfahren im Rahmen des Projektablaufes teilnehmen (sogenannter „organisational conflict of interest", NASA PR Appendix C, Attachement A, NMI 5101.19, 1968).

[78] Dies gilt — um es mit einer Unterscheidung aus dem deutschen Beamtenrecht deutlich zu machen — nur für das „Betriebsverhältnis" im Rahmen des einzelnen Projektablaufes, nicht dagegen für das „Grundverhältnis" des Projektleiters.

mentkunst bezeichnet wird, mag den Juristen ein gewisses Unbehagen überkommen. Diese Unlust ist nicht ein Ausdruck von Unverständnis des als regelorientiert denkend apostrophierten Juristen gegenüber problemorientierter Organisation von FE-Vorhaben. Das Unbehagen rührt vielmehr von der Erkenntnis, daß das hochkomplizierte Gebäude der Organisation des FE-Prozesses, das zur Schaffung von technischen Systemen ersonnen wurde, mit zunehmender Vervollkommnung die Möglichkeit verringert, unrechtmäßige und willkürliche Entscheidungen nachweisen zu können. Das wäre weniger bedenklich, wenn sich die Überzeugung gewinnen ließe, daß die Organisation des FE-Prozesses von vornherein bewußt so konzipiert wurde, daß Willkürentscheidungen ausgeschlossen und unmöglich gemacht werden. Es scheint aber eher so zu sein, daß das Problem der Willkür von den Konstrukteuren und Lenkern des FE-Prozesses verdrängt wird, da letztere dazu neigen, technisch und organisatorisch perfekten Verfahren auch die Rechtmäßigkeit zuzubilligen. Dadurch aber wird die grundsätzliche Forderung nach materieller Gerechtigkeit und nach Schutz für den prospektiven Auftragnehmer gegen mögliche Willkür des überlegenen Auftraggebers bei der Vergabe von Staatsaufträgen durch eine Vermutung für die Rechtmäßigkeit technisch perfekter Verfahren ersetzt.

Im folgenden Abschnitt wird untersucht, welche Schutzmechanismen gegen Willkür in den oben dargestellten Verfahren, besonders aber im Verfahren der Freihändigen Vergabe unter Wettbewerbsbedingungen mit Bewertungsausschüssen liegen, und welche sonstigen Schutzmöglichkeiten durch den Rechnungshof, die Bundesgerichte und die einschlägigen Ausschüsse des Kongresses einem Unternehmen zur Verfügung stehen, das im Vergabeverfahren willkürlich benachteiligt wird.

Vierter Teil

Schutz gegen Willkür

Die verschiedenen Formen des Schutzes gegen Willkür der Beschaffungsstellen können z. B. danach unterschieden werden, ob ein enttäuschter Auftragnehmer gegen angeblich willkürliche Handlungen der Beschaffungsbehörde im Vergabeverfahren von Staatsaufträgen vorgehen möchte, oder ob sich ein erfolgreicher Anbieter gegen willkürliche Entscheidungen der Beschaffungsbehörde im Rahmen der Auftragserfüllung wendet. Man kann die Unterscheidung aber auch nach der Art des Schutzes treffen, d. h. danach, ob es sich um wirkliche Rechtsbehelfe („remedies")[1] handelt oder lediglich um vorbeugende Mechanismen im Verfahren, die im Sinne von „checks and balances" eine Einschränkung der Möglichkeit zu willkürlichem Handeln bewirken.

Obwohl diese Arbeit nur über die Schutzmöglichkeiten gegen Willkür im Prozeß der Auftragsvergabe handelt, werden im folgenden — des Kontrastes wegen — auch die in der Erfüllungsphase, d. h. in dem Stadium nach der Auftragsvergabe verorteten Schutzmöglichkeiten kurz skizziert.

Fühlt sich ein Auftragnehmer durch eine willkürliche Entscheidung einer Beschaffungsstelle des Bundes beschwert, so hat er grundsätzlich die Möglichkeit, einen Prozeß, z. B. wegen Schadensersatz, gegen die staatliche Beschaffungsstelle vor einem Bundesgericht zu führen, und zwar im Falle einer Klage gegen die NASA entweder vor dem erstinstanzlichen Bundesgericht für den „District of Columbia" in Washington oder aber vor dem erstinstanzlichen Bundesgericht des Distriktes, in dem das betroffene Unternehmen seinen Sitz hat[2]. Daneben besteht — je nach Klageziel — auch die Möglichkeit einer Klage vor dem „*Court of Claims*"[3], der ein besonderes Bundesgericht ist, das unter

---

[1] Dazu *Whelan*, A Government Contractors Remedies: Claims and Counterclaims, 42 Virginia L.Rev. 301 (1956); ferner *Trowbridge vom Baur*, Remedies of Contractors with the Government, 8 William and Mary L.Rev. 469 (1967).

[2] Gerichte der Einzelstaaten kommen (wegen der strikten Zweiteilung in Bundes- und Einzelstaatsgerichtsbarkeit) nicht in Frage, da der Bund Beklagter ist, vgl. Art. III, Sect. 2 der Verfassung der Vereinigten Staaten: "The judicial power shall extend ... to all Controversies to which the United States shall be a party."

[3] Zu den Kompetenzen des Court of Claims, vgl. den Tucker Act 28 U.S.C.

anderem für die Entscheidungen über Geldforderungen („money judgements") gegen die Vereinigten Staaten zuständig ist. Weiterhin steht es dem beschwerten Auftragnehmer auch frei, sich mit einer Beschwerde („protest") an den Bundesrechnungshof (*„General Accounting Office"*) zu wenden und um eine Untersuchung des als willkürlich bezeichneten Aktes der Beschaffungsstelle zu bitten[4].

Verfahren vor den Bundesgerichten und dem Court of Claims, in denen es sich um beschaffungsrechtliche Streitfragen handelt, sind — gemessen an der wirtschaftlichen und politischen Bedeutung und dem finanziellen Volumen des öffentlichen Auftragswesens — verhältnismäßig selten. Die Gründe für diesen Umstand sind nicht nur darin zu sehen, daß die formlose Beschwerde („protest") beim Bundesrechnungshof einfacher und billiger ist als ein gerichtliches Verfahren; entscheidend ist vielmehr, daß die einzelnen beschaffungsorientierten Behörden, z. B. DOD, NASA und die Atomic Energy Commission, über eigene Schiedsgerichte, sogenannte *„Boards of Contract Appeals"*[5] verfügen, deren Zuständigkeit in den allgemeinen Bedingungen, die Bestandteil jedes Auftrages werden (*„dispute clause"*), vorgesehen ist. Dabei mag zunächst die Regelung, daß eine der Vertragsparteien im Konfliktsfall als Schiedsrichter auftritt, befremden. In der Tat haben auch die Bundesgerichte, insbesondere der Court of Claims, sich nur zögernd dazu bereitgefunden, als begründet erscheinende Klagen von seiten der Auftragnehmer nur deswegen abzuweisen, weil nicht zuvor die vertraglich vereinbarte Entscheidung des „Board of Contract Appeals" herbeigeführt worden war[6]. Mittlerweile hat sich aber die Erkenntnis durchgesetzt, daß die verschiedenen „Boards of Contract Appeals" es gelernt haben, sich der Beeinflussung durch ihre Behörden zu entziehen und ebenso unabhängig wie die Bundesgerichte, aber wohl mit größerer Sachkunde urteilen. Der Streit im Schrifttum geht nur noch um die Fragen, ob das Bundesverwaltungsverfahrensgesetz (*„Ad-*

---

§ 1491. Danach kann im Falle von Geldforderungen gegen die Vereinigten Staaten sowohl vor dem Court of Claims als auch vor einem normalen Bundesgericht geklagt werden. Übersteigt die Geldforderung jedoch zehntausend Dollar, so ist der Court of Claims ausschließlich zuständig, 28 U.S.C. § 1346 (a). Allgemein zum Court of Claims, vgl. The United States Court of Claims, A Symposium, 55 Georgetown, L.J. 393 (1966); *Kipps*, A unique National Court: The U.S. Court of Claims, 53 Fed.Bar.J. 1025 (1967).

[4] Zu den Aufgaben des Bundesrechnungshofes, vgl. Budget and Accounting Act von 1921 in der Fassung von 1964, 31 U.S.C. § 41, ferner siehe in diesem Teil, II.

[5] Die Regeln für das Verfahren des „NASA Board of Contract Appeals" finden sich in NASA PR, Appendix A.

[6] Vgl. United States v. Moorman, 338 U.S. 457 (1950); Henry Ericson Co. v. United States, 104 Ct.Cl. 397 (1945); siehe auch *Cuneo*, Armed Services Board of Contract Appeals: Tyrant or Impartial Tribunal?, 39 A.B.A. J. 373 (1953) und *Spector*, Anatomy of a Dispute, 20 Fed.B.J. 398 (1960).

ministrative Procedure Act")[7] auf das Verfahren vor den „Boards of Contract Appeals" Anwendung finden muß[8], und ob nach einer Entscheidung der „Boards of Contract Appeals" nur Rechts- oder auch Tatsachenfragen einer möglichen Nachprüfung des Court of Claims unterliegen[9].

Der Schutz im Vorfeld der Auftragsvergabe, insbesondere der Schutz des prospektiven Auftragnehmers gegen Willkür im Prozeß der Vergabe von Staatsaufträgen war hingegen bislang vergleichsweise spärlich ausgestaltet. Abgesehen von einigen „checks and balances", d. h. verfahrensimmanenten Mechanismen, die vorbeugend die Möglichkeit zu willkürlichen Handlungen der Beschaffungsspezialisten einschränken und damit — vielleicht ganz unbeabsichtigt — auch den prospektiven Auftragnehmer schützten[10], hatte ein prospektiver Auftragnehmer, der sich im Vergabeverfahren willkürlich behandelt fühlte, außer dem „protest" zum Bundesrechnungshof keine anderen wirksamen Rechtsbehelfe. Erst neuerdings scheint sich eine Entwicklung anzubahnen, die auch dem enttäuschten prospektiven Auftragnehmer den Weg zu den Gerichten öffnet[11].

I. Schutz gegen Willkür im Vergabeverfahren

Die rechtliche Analyse der in das Vergabeverfahren eingebauten Schutzmöglichkeiten muß sowohl von der NASA PR als auch von dem amerikanischen Bundesverwaltungsverfahrensgesetz („Administrative Procedure Act" [APA])[12] ausgehen. Zunächst ist zu untersuchen, in

---

[7] 5 U.S.C. § 101 ff. (APA).
[8] Bejaht wird diese Frage z. B. von *Davis*, The Administrative Procedure Act Applies to Boards of Contract Appeals, 1 Public Contract L.J. 4 (1967).
[9] Dazu *Jaffee*, Judicial Review: Question of Law, 69 Harvard L.Rev. 239 (1955), und *Jaffee*, Judicial Review: Questions of Fact, 69 Harvard, L.R. 1020 (1956).
[10] Ein solcher verfahrensimmanenter Kontrollmechanismus, der allerdings in erster Linie dem Interesse der Behörde an einem effizienten Verfahren dient, aber damit indirekt auch eine gewisse Schutzwirkung für den prospektiven Auftragnehmer gegen willkürliche Handlungen im Vergabeverfahren hat, ist zum Beispiel das Nebeneinander von Beschaffungsspezialist und Projektleiter im Rahmen des Verfahrens der Planung und Durchführung von Projekten in Phasen, vgl. oben im Dritten Teil, IV, 2.
[11] Insbesondere seit der Entscheidung Scanwell Laboratories Inc. v. Shaffer, 424 F.2d 859 (D.C.Cir. 1970), dazu vgl. unten in diesem Teil, III.
[12] 5 U.S.C. §§ 101 ff. Für eine kurze Darstellung des amerikanischen Bundesverwaltungsverfahrensgesetzes in deutscher Sprache, vgl. *Byse* und *Riegert*, Das amerikanische Bundesverwaltungsverfahrensgesetz von 1946, in Staatsbürger und Staatsgewalt, Jubiläumsschrift zum hundertjährigen Bestehen der deutschen Verwaltungsgerichtsbarkeit, herausgegeben von Külz und Neumann, Karlsruhe 1963, Bd. I, S. 405.

welchem Umfang die in dem APA enthaltenen Schutzmöglichkeiten dem prospektiven Auftragnehmer im Verfahren der Vergabe von Staatsaufträgen zugute kommen. Danach wird geprüft werden, inwieweit die einschlägigen Vorschriften der NASA PR und des „Source Evaluation Board Manual"[13] Schutzmöglichkeiten für den prospektiven Auftragnehmer enthalten.

1. Schutzmöglichkeiten nach dem Bundesverwaltungsverfahrensgesetz

Während der Teil des Bundesbeschaffungsrechtes, der die Fragen der Auftragserfüllung betrifft, an das klassische „law of contracts" angelehnt ist[14], muß man den Vergabeprozeß von Staatsaufträgen als eine besondere Form des Verwaltungsverfahrens (*„administrative process"*) auch unter dem Blickwinkel des amerikanischen „Administrative Law", insbesondere des APA betrachten.

Den APA bezeichnet man am besten als ein Rahmengesetz, welches versucht, die rechtsstaatlichen Mindestanforderungen für das Verwaltungsverfahren vor Bundesbehörden zusammenzufassen. Die wichtigsten Regeln dieses Rahmengesetzes betreffen das „gerichtsähnliche Anhörungsverfahren" (*„trial type hearing"*)[15], das manchen Einzelfallentscheidungen (*„adjudication"*) und in bestimmten Fällen auch der Normsetzung durch Verwaltungsbehörden (*„rulemaking"*) vorausgehen soll, ferner das Recht auf Information über Organisation und Verfahren der Bundesbehörden (*„public information"*)[16], sodann die Pflicht der Behörde, den Erlaß oder die Änderung von Verordnungen rechtzeitig anzuzeigen und die Betroffenen zu hören (*„notice of rulemaking"*)[17], sowie schließlich die gerichtliche Überprüfung von Akten der Exekutive (*„judicial review"*)[18]. Im folgenden wird erörtert, in welchem Umfange die Schutzmöglichkeiten des APA dem prospektiven Auftragnehmer als Schutz gegen willkürliche Akte der Beschaffungsstelle zur Verfügung stehen.

---

[13] Vgl. oben im Dritten Teil, Fn. 47.
[14] Vgl. *Nash* und *Cibinic*, Federal Procurement Law, 2. Auflage, Washington D.C. 1969, S. 471—837.
[15] 5 U.S.C. § 556 ff.
[16] 5 U.S.C. § 552.
[17] 5 U.S.C. § 553.
[18] 5 U.S.C. § 701 ff., dazu unten. III in diesem Teil.

I. Schutz im Vergabeverfahren

*a) Kein gerichtsähnliches Anhörungsverfahren
vor der Entscheidung über die Auftragsvergabe*

Die Gewährung eines gerichtsähnlichen Anhörungsverfahrens („trial type hearing") vor der Entscheidung von Einzelfällen durch Verwaltungsbehörden ist die Erfüllung der verfassungsrechtlichen Forderung nach „due process"[19] in bestimmten Bereichen des „Administrative Law"[20]. Da jedoch nicht alle günstigen Positionen im vollen Umfange von der „due process"-Klausel geschützt werden, gibt es eine Reihe von Fällen, in denen der Betroffene kein Recht auf eine volle gerichtliche Anhörung hat[21]. Dabei geht es meistens um solche Positionen, die lediglich als „privileges", nicht aber als „rights" angesehen werden[22]. Folgt man dieser Unterscheidung, so entfällt für einen prospektiven Auftragnehmer die Möglichkeit, die Frage der Vergabe eines Staatsauftrages in einem „trial type hearing" entschieden zu sehen, da ein bislang anerkannter Grundsatz des Beschaffungsrechtes lautet, daß niemand ein Recht auf Staatsaufträge hat[23]. Eine weitere Überlegung führt zum gleichen Ergebnis: Die Vorschriften des APA über die Entscheidung von Einzelfällen greifen nur dann ein, wenn ein anderes Gesetz vorschreibt, daß die Entscheidung auf Grund der Akten und nach Gelegenheit für ein „hearing" zu fällen ist[24]. Ein derartiges Ge-

---

[19] Der V. Zusatz zur amerikanischen Verfassung (der XIV. für die Einzelstaaten) enthält die „due process"-Klausel, welche besagt, daß niemandem Leben, Freiheit oder Eigentum ohne gehöriges Verfahren entzogen werden dürfen (V. Zusatz: ... nor shall any person be deprived of live, liberty, or property without due process of law...").
[20] Zum „due process" gehören gewisse, in der Welt des Common Law traditionelle Mindestanforderungen an die Rechtmäßigkeit des Verfahrens. Dazu zählen insbesondere: Gleichheit vor dem Gesetz („equal protection"), und beiderseitiges Gehör („day in court"). Zum „trial type hearing", vgl. 5 U.S.C. §§ 556 ff. Wesentliche Bestandteile dieses Verfahrens sind: Anhörung in gerichtsähnlicher Form („opportunity to be heard"), nach vorheriger Ankündigung („notice of charges") mit Kreuzverhör der Zeugen der Gegenseite („cross examen of adverse witnesses").
[21] Vgl. dazu *Riegert*, Das amerikanische Administrative Law, eine Darstellung für deutsche Juristen, Berlin 1967, S. 90 ff.
[22] Zur Fragwürdigkeit dieser Unterscheidung, vgl. *Van Alstyne*, The Demise of the Right-Privilege Distinction in Constitutional Law, 81 Harvard L.Rev. 1439 (1967).
[23] Vgl. Perkins v. Lukens Steel Co. 310 U.S. 113 (1940). Diesen Grundsatz hat auch die bereits erwähnte Entscheidung Scanwell Laboratories Inc. v. Shaffer, 424 F.2d. 859 (D.C. Cir. 1970) nicht aufgegeben. Vgl. unten III in diesem Teil.
[24] Vgl. 5 U.S.C. § 554. Der Fall Wong Yang Sung v. McGrath, 339 U.S. 33 (1950) hat zwar den Begriff „Gesetz" so auszulegen versucht, daß er auch die Verfassung miteinschließt. Damit wäre immer dann ein „trial type hearing" erforderlich gewesen, wenn die „due process"-Klausel zur Anwendung kommt. Die Entscheidung hatte bislang jedoch keinen nennenswerten Einfluß. Vgl. dazu *Davis*, Administrative Law, Cases-Text-Problems, 2. Aufl., St. Paul 1965, S. 252 ff., und *Riegert*, aaO., S. 92.

setz wurde für das Vergabeverfahren von Staatsaufträgen bislang nicht erlassen. Damit besteht grundsätzlich kein Recht auf ein gerichtsähnliches Anhörungsverfahren vor der Entscheidung über die Vergabe eines Staatsauftrages[25].

Dieses Ergebnis verlangt eine Stellungnahme:

(1) Für Beschaffungen im eigentlichen Sinne, d. h. für den Ankauf routinemäßig benötigter Güter und Leistungen durch die Verwaltung, mag das Ergebnis sinnvoll sein, weil ein Anhörungsverfahren vor der Vergabeentscheidung sich nicht mit den Grundsätzen der Förmlichen Ausschreibung verträgt[26], und weil insbesondere das Schutzbedürfnis des Anbieters konventioneller Güter weniger groß ist, als etwa das Schutzbedürfnis des hochspezialisierten prospektiven Auftragnehmers für FE-Arbeiten, denn für herkömmliche Güter besteht meistens ein Markt im verkehrswirtschaftlichen Sinne, was zur Folge hat, daß der Anbieter an mehrere Kunden liefern kann und damit nicht ausschließlich vom Staat abhängt.

(2) Anders verhält es sich bei der Vergabe von FE-Aufträgen im Bereiche der Großforschung. Dort hängen die prospektiven Auftragnehmer in ihrem wirtschaftlichen Bestand vom Staat ab[27]. Wenn drei oder vier Unternehmen im Rahmen der Endstufe des Verfahrens der Freihändigen Vergabe unter Wettbewerbsbedingungen mit Bewertungsausschüssen einen zähen Kampf um FE-Aufträge, und damit meistens zugleich auch um die Nachfolge-Aufträge („follow-up-contracts") führen, dann drängt sich die Parallele zu den Verfahren vor den wirtschaftsregelnden Behörden auf[28], wo es oft um lebenswichtige Fragen für die betroffenen Unternehmen (Erteilung von Lizenzen, Ausdehnung des Geschäftsbereiches, Zulassung neuer Produkte in den Handel) geht, und es ist nicht einzusehen, warum die Schutzmöglichkeiten des APA, insbesondere die Vorschriften über das „trial type hearing" nicht zur Anwendung kommen sollten. So hat sich das mittelinstanzliche Bundesgericht in Washington D.C. in einem Falle ausdrücklich von der Überlegung leiten lassen, daß einem prospektiven Auftragnehmer dann ein „hearing" zum Schutze gegen Willkür gewährt werden müsse, wenn die Verweigerung von Staatsaufträgen ihn an den Rand des wirtschaftlichen Ruins bringen würde. Es handelt sich um die Entscheidung Gonzales v. Freemann[29] aus dem Jahre 1964. Der Kläger Gonzales war durch eine Bundesbehörde allgemein von Staatsaufträgen ausgeschlossen worden („Debarment")[30].

---

[25] Das schließt natürlich nicht aus, daß z. B. die NASA von sich aus in
[26] Zur Förmlichen Ausschreibung, vgl. oben im Dritten Teil, III, 1, b.
[27] Vgl. oben im 2. Abschnitt, II.
[28] Das amerikanische „Administrative Law" wurde im Hinblick auf das manchen Fällen, etwa im Rahmen des Bewertungsverfahrens (SEB-Procedure), ein einem „trial type hearing" ähnliches Anhörungsverfahren gewährt. Verfahren vor den wirtschaftsregelnden Behörden („independent regulatory commissions") entwickelt. Dazu vgl. Riegert, aaO., S. 32 ff. und 74 ff. mit weiteren Nachweisen.
[29] 334 F.2d 570 (D.C. Cir. 1964); die „opinion" dieser Entscheidung wurde vom jetzigen Chief Justice des US Supreme Court Warren Burger geschrieben.
[30] Zum „Debarment" vgl. oben im Dritten Teil, III, 1, a.

Er machte geltend, daß dieser Ausschluß ohne „trial type hearing" erfolgt sei und daher gegen die „due process"-Klausel verstoße. Das Gericht entschied, daß der Kläger ein Recht auf ein „APA-hearing" hatte[31]. Begründet wurde diese Entscheidung vor allem damit, daß die Macht der Beschaffungsbehörden über ein Unternehmen, das sich auf Staatsaufträge eingestellt hat, der Macht über Tod und Leben des Unternehmens gleichkomme[32].

(3) Man kann sich im übrigen auch fragen, ob bei der Entscheidung des Falles Gonzalez nicht versteckt davon ausgegangen wurde, daß dem Unternehmen, das sich auf Staatsaufträge eingestellt hat, eine eigentumsähnliche Rechtsposition zukommt, die dann von der „due process"-Klausel geschützt würde („life, liberty, property"), und in die an sich nicht ohne „hearing" eingegriffen werden dürfte[33].

(4) Auch abgesehen von Gonzalez v. Freemann scheint sich eine Tendenz abzuzeichnen, welche die Entscheidung über die Vergabe von Staatsaufträgen großen Volumens der rechtlichen Behandlung von „administrative orders"[34] annähern möchte[35]. In diesem Zusammenhang ist eine „dissenting opinion" von Justice Douglas im Falle Becker v. Philco Corp. von Bedeutung, wo er fordert, daß „government contracts" mehr unter dem Blickpunkt des „public law", d.h. der „administrative procedure" gesehen werden müßten[36].

---

[31] 334 F.2d 570 (D.C. Cir. 1964): „Considerations of basic fairness require administrative regulations establishing standards for debarment and procedures which include notice of specific charges, opportunity to present evidence and to crossexamine adverse witnesses."

[32] Das Gericht berief sich dabei auf eine Entscheidung des Bundesrechnungshofes (Comp.Gen.B - 139720, January 6, 1960). Vgl. zu dieser Frage auch *Gantt* und *Panzer*, The Government Blacklist: Debarment and Suspension of Bidders on Government Contracts, 25 George Washington L.Rev. 175 (1957). Die NASA gewährt in der Praxis in den wenigen Fällen, in denen es zum Ausschluß eines Unternehmens kommt, ein „hearing". Gerade deswegen ist es bemerkenswert, daß die NASA PR im Rahmen der Gesamtüberarbeitung von 1970 (im Hinblick auf Gonzales v. Freeman) nicht dahingehend geändert wurde, daß dem prospektiven Auftragnehmer, dessen „Debarment" erwogen wird, nunmehr ein ausdrückliches Recht auf ein „hearing" zugebilligt wird. Das zeigt die Tendenz der Beschaffungsbehörden, sich möglichst wenig festlegen zu wollen, und lieber dem prospektiven Auftragnehmer aus „Freundlichkeit" ein „hearing" zu gewähren, als ihm ein Recht darauf zuzubilligen.

[33] Zum Wandel der Eigentumsvorstellungen vgl. *Reich*, The New Property, 83 Yale L.J., 739 (1964).

[34] Zum Begriff „order", vgl. den APA 5 U.S.C. § 551 (6): „final dispositions ... of an agency in a matter other than rule making ..." (das „rule making" ist charakterisiert durch seinen „future effect"). „Orders" sind Einzelfallentscheidungen, die für die Betroffenen unmittelbare Wirkungen haben. Erst wenn feststeht, daß es sich um eine „order" handelt, eröffnet sich die Möglichkeit eines „trial type hearing". Zu einem knappen Vergleich zwischen der amerikanischen Unterscheidung von „rule" und „order" und den deutschen Begiffen „Norm" und „Verwaltungsakt", vgl. *Riegert*, aaO, S. 66 ff.

[35] Vgl. dazu *Schultz*, Proposed Changes in Government Contract Disputes Settlement: The Legislative Battles over the Wunderlich Case, 67 Harv. L.Rev. 217, insbes. 246—247 (1953); vgl. auch *Frenzen*, The Administrative Contract in the United States, 37 George Washington L.Rev. 270 (1970).

[36] 389 U.S. 979, insbes. 984—985 (1967).

b) Keine Pflicht zur vorherigen Anzeige des Erlasses oder der Änderung von Beschaffungsverordnungen

Nach den Vorschriften des APA[37] muß jeder beabsichtigte Erlaß von Verordnungen oder jede vorgesehene Änderung in einem Mitteilungsblatt für Verordnungen der Bundesbehörden, dem „Federal Register" veröffentlicht werden (sog. „notice of rulemaking"). Die Bekanntmachung muß angeben: (1) Zeit, Ort und Art des Verfahrens, (2) das Gesetz, kraft dessen die „rule" erlassen werden soll, und (3) den Inhalt der „rule" oder deren Gegenstand. Nach der Ankündigung muß die Behörde Interessenten Gelegenheit geben, Tatsachen, Ansichten oder Argumente schriftlich oder — nach Wahl der Behörde — mündlich vorzubringen. Zu fundierten Einwendungen muß die Behörde dann Stellung nehmen. Das wiederum garantiert, daß die Behörde sich mit den Einwendungen der Betroffenen ernsthaft auseinandersetzen muß, und damit eröffnet sich für die Betroffenen auch die Möglichkeit, die Behörde durch ein gutes Argument von ihrer ursprünglichen Intention abzubringen.

Dieses Verfahren bei Erlaß und Änderung von „rules" wäre sicherlich auch von größtem Schutzwert für prospektive Auftragnehmer, da die Beschaffungsverordnungen, gerade auch bei der NASA, häufig geändert werden, was teilweise daher rührt, daß sie ständig an neue Managementtechniken angepaßt werden müssen. Doch nimmt der APA ausdrücklich Staatsaufträge von den Vorschriften über das „rulemaking" aus[38]. Das bedeutet, daß dem prospektiven Auftragnehmer aus der Raumfahrtindustrie nicht die rechtliche Möglichkeit eröffnet ist, in maßgeblicher Weise am Änderungsverfahren der NASA PR teilzunehmen. Damit geht ihm eine weitere entscheidende Schutzmöglichkeit verloren, welche der APA sonst grundsätzlich gewährt[39].

---

[37] 5 U.S.C. § 553.
[38] 5 U.S.C. § 553 (a), (2); ausgenommen sind danach: „public property, benefits, loans and contracts".
[39] Allerdings gibt es neuere Entwicklungen, die auf eine Verstärkung des Schutzes für die prospektiven Auftragnehmer im „rulemaking"-Verfahren hinauslaufen. Senator Kennedy hat zu Anfang des Jahres 1970 eine Vorlage in den Kongreß eingebracht, welche die ersatzlose Streichung der in 5 U.S.C. § 553 (a) (2) enthaltenen Ausnahmen von einer Mitwirkung der Betroffenen beim „rulemaking" vorsieht. Die „Administrative Conference" hatte bereits im Jahre 1969 die Streichung dieser Ausnahmen empfohlen, vgl. *Administrative Conference of the United States, Committee on Rulemaking*, Recommendation G — Elimination of certain Exemptions from the APA Rulemaking Requirements, Washington D.C. 1969. Diese neue Entwicklung ist vor allem für die kleinen und mittleren Betriebe von Bedeutung, da der Eindruck entstanden ist, daß die Beschaffungsverordnungen — wenn überhaupt — vor allem die Interessen der großen Unternehmen berücksichtigen, vgl. *Danhof*, Government Contracting and Technological Change, Washington D.C. 1968, S. 244.

c) Das Recht auf Information

Der APA verlangt weiterhin, daß die Behörden Auskunft über ihren Aufbau, das von ihnen beobachtete Verfahren sowie die von ihnen erlassenen „rules" in dem oben erwähnten „Federal Register" geben müssen[40]. Von besonderem Interesse ist die Vorschrift, daß niemand an Organisations- und Verfahrensvorschriften gebunden ist, die nicht vorschriftsmäßig veröffentlicht worden sind, es sei denn, er hatte rechtzeitig tatsächliche Kenntnis davon. Außerdem müssen grundsätzlich die Einzelentscheidungen veröffentlicht oder sonstwie zugänglich gemacht werden. Von diesen Vorschriften gibt es Ausnahmen[41]. Durch ein im Jahre 1966 ergangenes Änderungsgesetz (den *„Freedom of Information Act"*[42]) wurden jedoch die Auskunftspflicht der Behörden weiter verschärft und die Ausnahmen weiter eingeschränkt.

Die genannten Vorschriften bieten dem prospektiven Auftragnehmer, insbesondere im Falle eines Konfliktes mit der Beschaffungsbehörde, einen gewissen Schutz, da es für ihn wichtig ist, alle Verordnungen und Regeln zu kennen, nach denen die Vergabe des Auftrages zu erfolgen hat[43]. Ebenso bedeutsam ist es für ihn, zu wissen, welche „rules, records and proceedings" nicht eingesehen werden können. Er kann dann davon ausgehen, daß seine Konkurrenten etwa über den gleichen Informationsstand verfügen wie er selbst.

Als Ergebnis der vorangegangenen Untersuchungen muß festgehalten werden, daß dem prospektiven Auftragnehmer von den wichtigeren Rechtsbehelfen und Schutzmöglichkeiten, welche in dem APA vorgesehen sind, nur das Recht auf Information zusteht, wie es in dem „Freedom of Information Act" seine Ausgestaltung gefunden hat. Dieses spärliche Ergebnis zwingt zur Suche nach weiteren, rechtsbehelfsähnlichen Schutzmöglichkeiten und solchen Kontrollmechanismen („checks and balances") im Vergabeverfahren, die für den prospektiven Auftragnehmer eine gewisse Schutzwirkung gegen willkürliche Entscheidungen der staatlichen Beschaffungsstellen haben.

---

[40] 5 U.S.C. § 552.
[41] Der prospektive Auftragnehmer würde z. B. nicht berechtigt sein, ein Dokument einzusehen, das durch „executive order", d. h. eine Verwaltungsanordnung von höchster Stelle, dem Einblick der Öffentlichkeit entzogen wurde. An diesem Beispiel wird deutlich, daß es dem APA nicht darum geht, der Öffentlichkeit einen uneingeschränkten Einblick in die Regierungsgeschäfte zu gewähren. Es sollen lediglich Schutzmöglichkeiten gegen unnötige Geheimniskrämerei der unteren Behördenstellen geschaffen werden.
[42] Public Law 90 — 23 = 5 U.S.C. § 552. Dazu *Rehbinder*, Die Informationspflicht der Behörden im Recht der Vereinigten Staaten, Berlin 1970.
[43] Vgl. *Schultz*, A Primer on the Public Information Act, 2 Publ.Contr.L.J., 208 ff. (1969) (geht vor allem auf die Auswirkungen des Public Information

2. Die in den Beschaffungsregeln der NASA enthaltenen Schutzmöglichkeiten

Eine der Regeln des amerikanischen Beschaffungsrechtes lautet, daß grundsätzlich keinem prospektiven Auftragnehmer („contractor") ein Recht auf einen „government contract" zusteht. Daneben setzt sich aber in zunehmendem Maße auch die Erkenntnis durch, daß jeder prospektive Auftragnehmer ein Recht auf ein Vergabeverfahren hat, das frei ist von willkürlichen und launenhaften Entscheidungen der staatlichen Beschaffungsstellen[44]. Diese Regel ist um so bedeutsamer, je umfangreicher der Ermessensspielraum der Beschaffungsspezialisten ist.

Im Verfahren der Öffentlichen Ausschreibung („Formal Advertising") ist das Ermessen des Beschaffungsspezialisten durch die strikten Regeln des Verfahrens, wie die NASA PR sie enthält, begrenzt; damit verringert sich auch die Gefahr willkürlicher Entscheidungen, denn das Verfahren der Öffentlichen Ausschreibung zeichnet sich gerade dadurch aus, daß die mit der Vertragsvergabe befaßte Stelle im wesentlichen nur das dem Preis nach günstigste Angebot auszusuchen hat. Im Verfahren der Freihändigen Vergabe („Negotiation") hingegen ist das Ermessen der Beschaffungsspezialisten viel weiter[45]. Damit wächst auch die Gefahr willkürlicher Entscheidungen in erheblichem Maße, wenngleich die langen Mitzeichnungswege innerhalb der Vergabebehörde und die Beteiligung von Bewertungsausschüssen am Vergabeverfahren die Möglichkeit der Willkür in gewissem Umfange wieder einschränken.

Es wäre verfehlt, wenn man den Schutz gegen Willkür allein durch weitgehende Beschränkungen des Ermessens der Beschaffungsspezialisten erreichen wollte[46], denn gerade bei FE-Projekten erlaubt die Möglichkeit von Ermessensentscheidungen[47], eine geschmeidige Ein-

---

Act auf das Beschaffungsrecht und die Beschaffungspraxis ein); ferner *Huard*, The 1966 Public Information Act: An Appraisal Without Enthusiasm, 2 Publ.Contr.L.J., 213 ff. (1969).

[44] z. B. Heyer Products Co. v. United States, 135 Ct.Cl. 63, 140 F.Supp. 409 (1956); Gonzales v. Freeman 334 F.2d. 570 (D.C. Cir. 1964); Scanwell Laboratories, Inc. v. Shaffer, 424 F.2d. 859 (D.C. Cir. 1970) sowie Association of Data Processing Service Organisations, Inc. v. Camp 397 U.S. 150 (1970).

[45] Zu den verschiedenen Beschaffungstechniken der NASA, vgl. oben im Dritten Teil, III.

[46] Diese Forderung würde wohl nur von den Vertretern einer zu einseitigen Auffassung der „rule of Law" erhoben, so z. B. *Dickinson*, Administrative Justice and the Supremacy of the Law, Boston 1927. Dickinson fordert u. a., daß die Verwaltung so weitgehend wie nur möglich in ihrem Handeln gebunden wird.

[47] Für eine abwägende Untersuchung, die an Hand vieler Beispiele aus dem Alltag der amerikanischen Verwaltung versucht, die Grenzen des „notwendigen" Ermessens zu ermitteln, vgl. *Davis*, Discretionary Justice, Baton Rouge 1969.

fügung der Beschaffungsverfahren in den übergeordneten Organisationsprozeß der Planung und Leitung von Projekten in Phasen. Es ist jedoch wünschenswert, daß solche Ermessensspielräume, die nicht der freien Betätigung des spezifischen Sachverstandes der Verwaltung, sondern eher der Abschirmung gegen unerwünschte Kontrollen von außen dienen, beseitigt werden, und daß Rechtsbehelfe und Kontrollmechanismen in das Verfahren eingebaut werden, welche die Möglichkeit zu willkürlichen Entscheidungen verringern.

Es gilt dabei zu bedenken, daß der Schutz gegen Willkür nicht um jeden Preis in dem „trial type hearing" zu suchen ist. Es gibt einige Arten von Fällen innerhalb und außerhalb der wirtschaftsregelnden Behörden, in denen ein mehr oder weniger formloses Verfahren an die Stelle eines formellen „trial type hearing" tritt, obgleich das Verfahren mit einer formellen „order" oder Entscheidung endet[48].

Daher wird nun versucht, die oben entsprechend der NASA PR und dem Source Evaluation Board Manual beschriebenen Beschaffungsverfahren, nämlich die Öffentliche Ausschreibung und vor allem die Freihändige Vergabe unter Wettbewerbsbedingungen mit Bewertungsausschüssen, auf solche Rechtsbehelfe und „checks and balances" zu untersuchen, die dem prospektiven Auftragnehmer einen gewissen Schutz gegen Willkür bei der Vergabe von Staatsaufträgen zu bieten vermögen. Dabei geht es nicht um eine erschöpfende Aufzählung aller Vorschriften mit Schutzcharakter, sondern nur um den Versuch, einige typische Schutzmöglichkeiten hervorzuheben.

a) Schutz im Verfahren der Öffentlichen Ausschreibung

Die Vorschrift in der NASA PR, daß die Spezifikationen klar und vollständig sein sollen, andererseits aber unnötig restriktive Spezifikationen zu vermeiden sind, hat einen gewissen Schutzwert für den prospektiven Auftragnehmer, da durch diese Vorschrift vermieden werden soll, daß Ausschreibungen seinen Konkurrenten so auf den Leib geschnitten werden, daß von vornherein nur sie für den Auftrag in Frage kommen.

---

[48] *Gellhorn* nennt dieses Verfahren das „*reine Verwaltungsverfahren*" („*the Pure Administrative Process*"); *Gellhorn*, Administrative Law, Cases and Comments, Brooklyn, N.Y. 1960, S. 657; siehe auch *Morstein Marx*, Amerikanische Verwaltung, Hauptgesichtspunkte und Probleme, Berlin 1963, S. 163 ff.; vgl. auch *Woll*, aaO., insbes. S. 24 ff.; ferner *Johnson*, Nicholas, The Second Half of Jurisprudence: The Study of Administrative Decisionmaking, 23 Stanford L.Rev. 173 (1970). Für das Vergabeverfahren großer FE-Aufträge aber, vgl. oben die Stellungnahme in diesem Teil, I, 1, a (2).

Ausgesprochenen Schutzcharakter hat auch die Vorschrift, daß es dem Beschaffungsspezialisten grundsätzlich untersagt ist, solche Mitteilungen an potentielle „bidder" zu machen, die letzteren einen Vorteil gegenüber anderen Teilnehmern am Ausschreibungsverfahren verschaffen.

Wenn die Beschaffungsstelle eine dieser oder ähnlicher Vorschriften mit Schutzcharakter für den prospektiven Auftragnehmer im Vergabeverfahren nicht beachtet, so kann das betroffene Unternehmen eine Beschwerde („protest") an die betreffende Beschaffungsstelle oder das Raumfahrt-Beschaffungsamt der NASA in Washington D.C. richten[49].

Für diese Beschwerde gibt es kein formalisiertes Verfahren, das den Vorschriften des APA ähnlich wäre. Vor allem hat der prospektive Auftragnehmer kein Recht auf ein „hearing", obwohl ihm ein solches in der Praxis häufig gewährt werden mag. Insbesondere aber liegt es im Ermessen der NASA, inwieweit sie sich überhaupt mit den im „protest" vorgetragenen Argumenten befaßt. Vor allem dieser Umstand nimmt der Beschwerde („protest") an die Beschaffungsstelle ihre Wirksamkeit als Rechtsbehelf.

Bei der Bestimmung der wirtschaftlichen Kapazität und Leistungsfähigkeit des Anbieters („determination of responsibility") stehen letzterem drei Schutzmöglichkeiten gegen Willkür zur Seite: Falls ihm bekannt ist, welches Material gegen ihn verwendet wird, steht es ihm frei, Tatsachen vorzutragen, die ihm insofern von Bedeutung zu sein scheinen. Zum anderen enthält die NASA PR den Hinweis für die Beschaffungsspezialisten, nach Möglichkeit entscheidungsrelevante Tatsachen mit dem prospektiven Vertragspartner, dessen Kapazität geschätzt werden soll, zu besprechen[50]. Und schließlich verlangt die NASA PR, daß dem prospektiven Vertragspartner, über dessen wirtschaftliche Kapazität eine negative Entscheidung getroffen wurde, eine Mitteilung mit Gründen *("statement of nonresponsibility")* zugestellt werden muß. Letztere Vorschrift bewirkt deswegen einen bestimmten Schutz gegen Willkür, weil ein Begründungszwang in gewissem Umfange geeignet ist, die Objektivität der Entscheidung zu erhöhen. Auf der anderen Seite enthält die NASA PR keine Vorschriften darüber, wie ausführlich die Begründung zu sein hat.

Schließlich ist noch zu fragen, ob auch der Vorschrift, daß die Öffentliche Ausschreibung die regelmäßige Beschaffungstechnik sein soll, die

---

[49] Dieser „protest" an die Beschaffungsbehörde selbst darf nicht mit dem „protest" an den Bundesrechnungshof verwechselt werden, der in Unterabschnitt III dieses Teils zu behandeln sein wird. Zum Schutz im „Debarment"-Verfahren (vgl. oben Dritten Teil, III, 1, a) siehe den Fall Gonzales v. Freeman (vgl. in diesem Teil, I, 1, a, (2)).
[50] NASA PR 1.907.

I. Schutz im Vergabeverfahren

Freihändige Vergabe dagegen nur unter ganz bestimmten Ausnahmen zur Anwendung kommen soll[51], Schutzcharakter für den prospektiven Auftragnehmer zukommt. Die Frage ist insoweit zu bejahen, als feststeht, daß die Gefahr willkürlicher Entscheidungen — wegen der strikten Regeln — bei der Öffentlichen Ausschreibung als Vergabemethode geringer ist. Jedoch ist die Öffentliche Ausschreibung keineswegs das Panazee zur Heilung aller Krankheiten im Vergabeverfahren für Staatsaufträge. Prospektive Auftragnehmer ziehen häufig die „Freihändige Vergabe" der Öffentlichen Ausschreibung vor, weil ersteres Verfahren es ihnen erlaubt, zu verhandeln und Gegenvorschläge zu machen, wenn sie bestimmte Konditionen der Beschaffungsstelle für unangemessen halten oder bessere Ideen für die technische Ausgestaltung des Projektes haben. Bei der Öffentlichen Ausschreibung hingegen hat der prospektive Auftragnehmer nicht die Möglichkeit, sein Angebot von sich aus in einem wesentlichen Punkt zu modifizieren, da es dann der Angebotsaufforderung nicht entspricht („unresponsive" wird) und vom Beschaffungsspezialisten zurückgewiesen werden muß[52].

b) Schutz im Verfahren der Freihändigen Vergabe unter Wettbewerbsbedingungen mit Bewertungsausschüssen

Für die Suche nach Schutzmöglichkeiten des prospektiven Auftragnehmers für FE-Aufträge im Bewertungsverfahren („Source Evaluation Board Process") ist der Begriff des „Wettbewerbsbereiches" („competitive range") von zentraler Bedeutung. Daneben sind noch der Schutz der Unternehmen hinsichtlich vertraulich mitgeteilter technischer Daten, die Frage der rechtzeitigen Information über geplante Beschaffungen sowie die Rolle der Bewertungsausschüsse im einzelnen von besonderer Wichtigkeit.

aa) Die Frage des „Wettbewerbsbereiches"

Der Ansatzpunkt für eine Untersuchung des Prozesses der stufenweisen Einengung des Kreises der potentiellen Auftragnehmer für FE-Aufträge („narrowing down") unter dem Blickwinkel des Schutzes gegen Willkür ist der von Stufe zu Stufe schmäler werdende Wettbewerbsbereich („competitive range"). Worin liegt die Bedeutung des Wettbewerbsbereiches, und wie läßt er sich abgrenzen? Die Frage nach der Bedeutung wird zum Teil durch den „Armed Services Procurement

---

[51] Vgl. 10 U.S.C. § 2304 (a).
[52] Vgl. *McBride* und *Wachtel*, Government Contracts, Cyclopedic Guide to Law, Administration, Procedure, Albany, San Francisco, New York 1963.

Act" beantwortet, der die Vorschrift enthält, daß diejenigen prospektiven Auftragnehmer, die innerhalb des Wettbewerbsbereiches liegen, das Recht haben sollen, schriftliche oder mündliche („written or oral discussions")[53] Verhandlungen zu führen.

Worauf aber müssen sich diese Unterhaltungen beziehen? Wie steht es mit denjenigen prospektiven Auftragnehmern, die aus dem Wettbewerbsbereich ausgeschlossen wurden, d. h. welche Kriterien legen den Wettbewerbsbereich fest und bestimmen damit über den Ausschluß einzelner Unternehmen?

(1) Der „Armed Services Procurement Act" enthält außer der genannten Bestimmung keine anderen Vorschriften, die als Interpretationshilfen herangezogen werden könnten. Auch die Entstehungsgeschichte dieser Bestimmung („legislative history") läßt keine eindeutigen Schlüsse zu[54]. Jedoch finden sich in den Entscheidungen des Bundesrechnungshofes brauchbare Auslegungsmuster, an die sich die NASA und die übrigen Beschaffungsbehörden halten[55]. Danach liegen außerhalb des Wettbewerbsbereiches:

 (a) Angebote, welche offensichtlich in ihrer Substanz „unresponsive" sind, d. h. im Grunde gar nicht viel mit der FE-Arbeit zu tun haben, welche die NASA beschaffen möchte[56];

 (b) Angebote, welche im Vergleich mit den übrigen Angeboten erhebliche technische Unzulänglichkeiten aufweisen, obwohl sie — oberflächlich betrachtet — „responsive" sind[57];

 (c) Angebote, die zwar technisch zufriedenstellen, aber im Vergleich mit den übrigen Angeboten derartige Schwächen im vorgeschlagenen Management der Aufgabe aufweisen, daß mit einer erfolgreichen Durchführung und Beendigung der FE-Arbeit nicht zu rechnen ist[58].

(2) Worauf müssen sich die „written or oral discussions" beziehen? Auch zu dieser Frage sagt die Entstehungsgeschichte des 10 U.S.C. § 2304 (g) nichts Eindeutiges. Fest steht nur, daß mehr verlangt wird, als lediglich die Würdigung der schriftlichen Angebote („proposals") ohne Fühlungnahme mit denjenigen anbietenden Unternehmen, die innerhalb des Wettbewerbsbereiches liegen. Der Armed Services Procurement Act verlangt, daß mit den Anbietern Gespräche oder Korrespondenzen geführt werden, deren Inhalt durch die jeweiligen besonderen Umstände der betreffenden

---

[53] 10 U.S.C. § 2304 (g).
[54] Vgl. 1968 U.S. Cong. and Administr.News, S. 2476.
[55] *Barron*, Government Selection of Contractors for Research and Development, 1968 Conference on U.S. Government R & D Contracts, Proceedings Manual, George Washington University, Washington D.C. 1968, S. 26. Zum Bundesrechnungshof, vgl. in II dieses Teils.
[56] z. B. B - 157150, Jan. 19, 1966; 46 Comp. Gen. 417 (1967), mit weiteren Nachweisen.
[57] z. B. B - 163204, Aug. 27, 1968, mit weiteren Nachweisen.
[58] z. B. B - 158528, Apr. 26, 1967, mit weiteren Nachweisen. Die Maßstäbe für die Bestimmung des „competitive range" sind um so schärfer, je mehr qualifizierte Bewerber vorhanden sind.

Beschaffung bestimmt wird[59], d. h. daß etwa im Falle einer auf Serienproduktion gerichteter Beschaffung sowohl der Preis als auch die technischen Anforderungen genau zu besprechen sind, während im Rahmen der Beschaffung reiner FE-Arbeiten in erster Linie auf die technische Seite und die Organisation zu achten ist[60].

(3) Die Schutzwirkung der besprochenen Vorschrift über den Wettbewerbsbereich liegt somit darin, daß diejenigen Unternehmen, welche brauchbare Angebote vorlegen, zunächst einmal innerhalb des Wettbewerbsbereichs sind. Wenn dann der Prozeß der stufenweisen Ausschließung beginnt, so können alle diese Firmen bis zum Augenblick ihres Ausschlusses aus dem Wettbewerbsbereich ständig den Kontakt mit den Beschaffungsspezialisten und dem Bewertungsausschuß suchen und ihre Angebote erläutern, abändern oder neu gestalten. Damit kommt dem Recht auf „written or oral discussions" eine Bedeutung zu, die dem Recht auf ein „hearing" ähnelt[61]. Dagegen haben diejenigen Firmen, welche früher oder später aus dem Wettbewerbsbereich ausgeschlossen werden, gegen den Akt der Ausschließung keine verfahrensimmanenten Schutzmöglichkeiten.

bb) Schutz gegen abredewidrige Verwendung technischer Daten

Die Frage der Geheimhaltung vertraulicher Mitteilungen technischer oder organisatorischer Art („trade secrets"), welche die NASA im Rahmen von Verhandlungen und Konsultationen vor oder während des Bewertungsverfahrens erhalten hat, ist für alle prospektiven Auftragnehmer von erheblicher Bedeutung. Dennoch enthält die NASA PR, abgesehen von einer allgemein gehaltenen Vorschrift, die es den mit der Beschaffung beauftragten Personen untersagt, Mitteilungen an Dritte über vorgelegte Daten zu machen[62], und dem Hinweise auf die Möglichkeit, einer Beschwerde („protest") an das Raumfahrt-Beschaffungsamt[63], keine Regeln darüber, wie sich ein prospektiver Auftragnehmer wirksam verteidigen kann, wenn er den Eindruck gewinnt, daß das von ihm vorgelegte „know how" seinen Konkurrenten direkt oder auch nur durch Andeutungen mitgeteilt wurde, etwa um letztere

---

[59] 10 U.S.C. § 2304 (g); 41 Comp. Gen. 484 (1962), mit weiteren Nachweisen.
[60] 46 Comp. Gen. 606 (1967), mit weiteren Nachweisen.
[61] *Barron*, aaO., S. 26 ff.; ein Rechtsbehelf im Sinne eines „trial type hearing" liegt in diesem Recht auf „written or oral discussions" jedoch nicht. Zu den Vor- und Nachteilen eines informellen „hearings", vgl. *Woll*, Administrative Law, The Informal Process, Berkeley und Los Angeles 1963, S. 24 ff.
[62] NASA PR 3.109; dieses Verbot gilt nur für den Fall, daß der Anbieter auf dem Umschlag der betreffenden Mitteilung vermerkt: „Technical data contained in pages ... shall not be used or disclosed, except for evaluation purposes ... this restriction does not limit the Government's right to use or disclose any technical data obtained from another source without restriction."
[63] Über die beschränkte Wirksamkeit des „protest" an die NASA selbst wurde oben gehandelt, vgl. in diesem Teil, I, 2, a.

zu einem bestimmten Angebot zu veranlassen. Die NASA PR scheint sich vor allem auf die Integrität des NASA-Personals zu verlassen. Dieser Mangel an wirksamen Schutzmöglichkeiten zeigt, daß die NASA PR in erster Linie zum Schutz der Eigeninteressen der Raumfahrtbehörde geschrieben wurde, und weniger als Garantie für einen willkürfreien Vergabeprozeß verstanden wird.

cc) Das Problem des Informationsvorsprunges

Es wurde oben gezeigt, daß in manchen Fällen bestimmte Unternehmen vor ihren Konkurrenten von künftigen Beschaffungen Kenntnis haben können[64]. Zum Zeitpunkt, in dem die „Aufforderungen zur Abgabe von Angeboten" ausgesandt werden und das Beschaffungsvorhaben im „Commerce Business Daily"[65] veröffentlicht wird, haben die besser informierten Unternehmen dann bereits einen entscheidenden Vorsprung[66]. Die NASA PR enthält keine verfahrensimmanenten Schutzmöglichkeiten gegen das vorsätzliche oder fahrlässige Durchsickernlassen wichtiger Beschaffungsinformationen im Rahmen von Konsultationen, die der Klärung der Projektidee dienen sollen. Nur ein besonders grober Fall ist geregelt: Eine Firma, die durch Vertrag das Projektmanagement übernommen hat und damit im Besitze sämtlicher relevanter Informationen ist, darf im Rahmen des betreffenden Projektes keine Aufträge erhalten. Auch die Tochtergesellschaften der betreffenden Firma dürfen nicht berücksichtigt werden[67].

Von Bedeutung ist noch die Frage, inwieweit in der Veröffentlichung der Bewertungskriterien ein Schutz für die prospektiven Auftragnehmer liegt[68]. Die NASA beachtet im allgemeinen den Grundsatz, daß die Bewertungskriterien mitgeteilt oder in den Aufforderungen zur Angabe von Angeboten angedeutet werden[69]. Die punktemäßigen Gewichtungen, d. h. der Bewertungsschlüssel, bleiben dagegen geheim. Diese Hinweise und Andeutungen gewährleisten, daß zumindest im Augen-

---

[64] Vgl. Dritter Teil, III, 2, b.
[65] Vgl. Fn. 39 im Dritten Teil.
[66] Das ist wegen der knapp bemessenen Fristen für die Vorbereitung der Angebote („proposals") von erheblicher Bedeutung. Es gibt allerdings auch Fälle, in denen sich die Projekt-Antizipation als falsch erwies, und die bereits begonnenen FE-Arbeiten sich als gefährliche Fehlinvestition entpuppten. Vgl. *Danhof*, aaO., S. 240.
[67] Es handelt sich um den Fall des „Organisational Conflict of Interest", vgl. Fn. 77 im Dritten Teil.
[68] Dazu vgl. oben im Dritten Teil, III, 2, b.
[69] Vgl. *Barron*, aaO., S. 23. Das verlangt auch der Bundesrechnungshof, vgl. Com.Gen.B - 169645 (July 24, 1970).

blick der Aussendung der „Aufforderungen zur Abgabe von Angeboten" alle prospektiven Auftragnehmer wissen, worauf es bei der Abfassung der Angebote für die betreffende Beschaffung besonders ankommen wird, während sonst lediglich die vorher konsultierten Unternehmen sich ausrechnen können, wo die Schwerpunkte der Bewertung liegen. Insofern stellt diese Praxis der NASA einen gewissen Schutz für alle prospektiven Auftragnehmer dar.

dd) „checks and balances" im Bewertungsverfahren

Die NASA PR, insbesondere das *„Source Evaluation Board Manual"*[70], enthalten eine Reihe von vorbeugenden Mechanismen im Bewertungsverfahren, die im Sinne von „checks and balances" eine Einschränkung der Möglichkeit zu willkürlichem Handeln bewirken[71]:

(1) Es ist eine Grundregel des Bewertungsverfahrens (*„Source Evaluation Board Procedure"*), daß der Bewertungsausschuß den NASA-Administrator, bzw. seine Vertreter, lediglich berät, aber keine Entscheidung über die Vergabe des Auftrages fällen darf. Obgleich der Schlußbericht des Bewertungsausschusses so abgefaßt sein kann, daß er einer Vergabeentscheidung gleichkommt, weil er etwa nur bestimmte Schlüsse zuläßt, so liegt doch in der Regelung, daß dem Ausschuß formell keine Entscheidungsmacht über die endgültige Vergabe des Auftrages zusteht, ein gewisser Schutz gegen willkürliches Handeln: Der Ausschuß unterliegt auf Grund der Vorschrift über das Recht der potentiellen Auftragnehmer auf mündliche oder schriftliche Diskussionen einem erheblichen Druck von seiten der Unternehmen. Indem der Ausschuß diesen Druck auffängt, entlastet er den Administrator, der die endgültige Vergabeentscheidung zu treffen hat. Dieser Umstand kann geeignet sein, die Objektivität der Vergabeentscheidung zu erhöhen.

(2) Ein weiterer Schutz gegen Willkür im Bewertungsverfahren liegt darin, daß die Administratoren den Bewertungsausschuß über ihren Bewertungsvorschlag genau befragen, um nachzuprüfen, inwieweit der Bewertungsvorschlag eine objektive, tragfähige Grundlage hat. Auch die Pflicht zur Protokollierung sämtlicher Entscheidungen des Bewertungsausschusses im Prozeß der Einengung des *„competitive range"* stellt einen gewissen Schutz gegen Willkür dar, weil dadurch die Entscheidungen des Bewertungsausschusses durch die NASA-Administratoren nachgeprüft werden können, was den Ausschuß zur Objektivität verpflichtet.

(3) Die gleiche Bedeutung kommt der *„justification"* im Falle einer sogenannten *„Sole Source Situation"*[72] und dem *„debriefing"* zu, d. h. dem

---

[70] Vgl. Fn. 47 im Dritten Teil.
[71] Auch im folgenden geht es nicht um eine erschöpfende Aufzählung, sondern darum, einige besonders wirksame „checks and balances" darzustellen.
[72] Dazu vgl. oben im Dritten Teil, III, 1, c. In Kreisen der Luft- und Raumfahrtindustrie kommt von Zeit zu Zeit der Verdacht auf, daß NASA oder

Schreiben, in dem die NASA den erfolglosen Firmen mitteilt, warum sie für die betreffende Beschaffung nicht in Frage kamen[73]. Ein gutes „debriefing" hat zwei Vorteile: einmal hilft es den erfolglosen Unternehmen, Fehler auszumerzen und so ihre organisatorischen und technischen Kapazitäten zu erhöhen, was sie unter Umständen in die Lage versetzt, den Auftrag der folgenden Phase im Rahmen des *„Phased Project Planning"* zu gewinnen. Zum anderen garantiert ein gutes „debriefing" — wegen des Begründungszwanges — eine bis zu einem gewissen Grade objektive Entscheidung.

(4) Die Wahrscheinlichkeit, daß die NASA-Administratoren eine offensichtlich willkürliche Vergabeentscheidung fällen, ist deswegen nicht besonders groß, weil sie kollegial entscheiden und weil sie nur in begründeten Fällen von den Vorschlägen des Bewertungsausschusses abgehen. Es kann vorkommen, daß eines der großen Unternehmen der Luft- und Raumfahrtindustrie versucht, den NASA-Administrator direkt in seiner Entscheidung zu beeinflussen, oder daß ein Mitglied des Kongresses seinen politischen Einfluß geltend zu machen sucht: Es wäre z. B. denkbar, daß ein einflußreicher Senator den NASA-Administrator anruft und ihm mitteilt, daß ein bestimmtes Unternehmen aus dem Heimatstaat des betreffenden Senators für einen zu vergebenden FE-Auftrag ein Angebot zu machen gedenkt[74]. Der Senator mag die besonderen Fähigkeiten und Erfahrungen dieses Unternehmens herausstreichen und bemerken, daß es in letzter Zeit in verschiedenen Auswahlverfahren für „government work" unterlegen ist, und daß es deswegen den anstehenden FE-Auftrag dringend braucht, weil es andernfalls Mitarbeiter entlassen muß. Im übrigen kann es sein, daß der Senator die Andeutung macht, daß er möglicherweise in Zukunft gezwungen ist, gegen das NASA Budget zu stimmen, da seine Stammwähler ihr Interesse an der Arbeit der NASA verlieren könnten. Würde nun der Administrator allein über die Auftragsvergabe zu entscheiden haben, so wäre er in einer schwierigen

---

DOD in bestimmten Fällen „Sole Source Situations" vortäuschen, um die Vergabe des Auftrages ohne langwieriges Bewertungsverfahren an einen bestimmten Auftragnehmer zu ermöglichen. Dies wäre ein Fall einer willkürlichen Vergabe. Aber die Wahrscheinlichkeit, daß dieser Verdacht begründet ist, bleibt deswegen gering, weil Bewertungsausschuß und Behördenspitze sich gegenseitig kontrollieren: Es ist kaum anzunehmen, daß die Administratoren den Bewertungsausschuß anweisen, eine „Sole Source Situation" zu simulieren. Andererseits wäre ein solcher Versuch, unternähme ihn der Ausschuß von sich aus, mit großer Wahrscheinlichkeit zum Scheitern verurteilt, da die Handlungen des Ausschusses einer strengen Nachprüfung durch die Administratoren unterliegen.

[73] Zum notwendigen Inhalt des „debriefing", vgl. NASA PR 3.106 - 3 (d): „... such debriefing should be confined to a discussion of the unsuccessful offeror's proposal in relation to the Government's requirement. Care should be taken to avoid comparison of one company's proposal with another and disclosure of information contained in other offers of the Government's estimate ...". Diese Vorschrift schützt den erfolgreichen Anbieter vor Verbreitung seiner „trade secrets". Jedoch kann diese Bestimmung auch zum Nachteil des erfolglosen Anbieter als Vorwand für ein schlechtes, nichtssagendes „debriefing" benutzt werden.

[74] Beispiel von *Zangwill*, Top Management and the Selection of Major Contractors at NASA, 12 California Management Review, 43, insbes. 46 (1969).

Situation. Da er aber zusammen mit zwei stellvertretenden Administratoren entscheidet und zudem nicht ohne sachliche Gründe[75] die Tatsachen außer acht lassen kann, die der Bewertungsausschuß festgestellt hat, kann er sich dem Senator gegenüber auf diese Umstände berufen und so dem persönlichen Druck, der auf ihn ausgeübt wird, wirkungsvoll begegnen.

Somit wirkt vor allem das Zusammenspiel zwischen den Spitzenadministratoren der NASA bzw. ihren Vertretern und dem Bewertungsausschuß als vorbeugender Kontrollmechanismus zur Einschränkung der Möglichkeit willkürlicher Entscheidungen im Verfahren der Freihändigen Vergabe von FE-Aufträgen unter Wettbewerbsbedingungen mit Bewertungsausschüssen. Wirksame verfahrensimmanente Rechtsbehelfe zur Abwendung von Willkür stehen dem prospektiven Auftragnehmer für FE-Aufträge — mit Ausnahme des Rechtes auf „written or oral discussions" — grundsätzlich nicht zur Verfügung.

II. Schutz durch den Bundesrechnungshof

Der amerikanische Bundesrechnungshof („*General Accounting Office*" *[GAO]*) gehört — will man ihn gewaltenteilend einordnen — zur Legislative. Der Kongreß schuf sich diese Einrichtung im Jahre 1921 durch den „Budget and Accounting Act"[76], weil er befürchtete, die Kontrolle über die Verwaltung[77] und über die verschiedenen unabhängigen Behörden zu verlieren. Der Präsident des Bundesrechnungshofes führt den Titel „Comptroller General". Er wird vom Präsidenten der Vereinigten Staaten mit Zustimmung des Senates für eine einmalige Amtszeit von 15 Jahren ernannt[78]. Mit seinen etwa 5000 Beschäftigten nimmt der Bundesrechnungshof sehr verschiedene Aufgaben wahr.

1. Die Aufgaben des Bundesrechnungshofes

Der Comptroller General hat vor allem darüber zu wachen, daß die öffentlichen Gelder für die Zwecke ausgegeben werden, für welche der

---

[75] Die Entscheidung der Administratoren unterliegt in gewissem Umfange der Nachprüfung durch den Bundesrechnungshof, dazu im folgenden Unterabschnitt.
[76] Vgl. 31 U.S.C. § 41 ff.; in 31 U.S.C. § 65 wird der Bundesrechnungshof als „agent of Congress" bezeichnet.
[77] Verwaltung hier im engeren Sinne von „executive", d. h. es geht um diejenigen Behörden, die unmittelbar vom Präsidenten der Vereinigten Staaten abhängen, d. h. vor allem die „departments".
[78] Im übrigen ist der „Comptroller General" vom Präsidenten der Vereinigten Staaten unabhängig.

Kongreß sie bewilligt hat. Diese „audit function" beinhaltet das Recht, die Buchführung der einzelnen Behörden, der öffentlichen Unternehmen („government corporations"), sowie privater Firmen, die Staatsaufträge übernommen haben, einer Prüfung zu unterziehen[79]. Darüberhinaus entscheidet der Bundesrechnungshof über Ansprüche, die von Einzelpersonen, Unternehmen, aber auch fremden Regierungen gegen die Verwaltung der USA erhoben werden. Dabei hat der Comptroller General das Recht zur Aufrechnung, wenn der amerikanischen Bundesverwaltung ebenfalls Ansprüche gegen den Antragsteller zustehen. Häufig bittet die Verwaltung den Comptroller General um Entscheidungen oder Gutachten in Zweifelsfragen, bevor sie bestimmte Geschäfte vornimmt (sog. „*advance decisions*")[80], um später keine Schwierigkeiten mit dem Rechnungshof zu bekommen. Schließlich hat der Rechnungshof dem Kongreß seine Hilfe zur Verfügung zu stellen und Berichte oder Untersuchungen anzufertigen[81], wenn diese von einzelnen Ausschüssen oder auch individuellen Mitgliedern des Kongresses verlangt werden[82].

Man würde meinen, daß die umfangreichen Macht- und Kontrollbefugnisse des Bundesrechnungshofes von einer eindeutigen Entscheidung des Gesetzgebers getragen sind. Das ist jedoch keineswegs der Fall. Der „Budget and Accounting Act"[83] enthält nur verhältnismäßig allgemein gehaltene Formulierungen. Die meisten Befugnisse hat sich der Rechnungshof im Laufe der Jahre „anwachsen" lassen[84]. Das gilt

---

[79] Dabei wird dem Rechnungshof häufig vorgeworfen, daß er es nicht beim „administrative audit" belasse, sondern bis zum „management audit" gehe, d. h. nicht nur die Gesetzmäßigkeit und Genauigkeit der Finanzvorgänge, sondern auch die Effizienz der Operationen prüfe, deren finanzielle Seite zu verbuchen ist.

[80] Vgl. 31 U.S.C. § 82 (d): "The Comptroller General shall render his decision upon any question involving payment to be made by them (die Behörden), which decision, when rendered, shall govern the General Accounting Office in passing upon the account containing said disbursment."

[81] 31 U.S.C. § 74.

[82] Zu den Aufgaben des Comptroller General, wie sie hier angedeutet wurden, vgl. *Keller*, GAO's Right of Examination of Contractors Records — The Legislative History — GAO's Interpretation — A Court Decision, 1 Contract Management Journal 24 (1967); ferner Principal Functions of the General Accounting Office, Statement of Elmer *Staats*, Comptroller General of the United States, in Hearings on the Capability of GAO to analyse and audit Defense Expenditures before the Subcommittee on Executive Organisation of the Committee on Government Operations, U.S. Senate, 91st Cong., 1st Sess., S. 27 (1969); vgl. auch Note (Kommentar), The Comptroller of the United States: The Broad Power to Settle and Adjust All Claims and Accounts, 70 Harvard L.Rev. 350 (1956).

[83] Vgl. Fn. 76 in diesem Teil.

[84] Dabei hat die Legislative nicht widersprochen, weil damit zugleich ihre Macht ausgedehnt wurde. Die Behörden wagten nicht zu widersprechen, weil

z. B. auch für das nunmehr anerkannte Recht des Comptroller General, über Beschwerden („protests") zu entscheiden, in denen sich prospektive Auftragnehmer von Staatsaufträgen vor oder nach der Auftragsvergabe an den Rechnungshof wenden, weil sie der Meinung sind, daß sie im Vergabeverfahren durch die betreffende Beschaffungsstelle willkürlich behandelt wurden[85].

2. Die Entscheidung über Beschwerden prospektiver Auftragnehmer als besondere Aufgabe des Bundesrechnungshofes

Es wurde bereits erwähnt, daß es einem prospektiven Auftragnehmer, der sich bei der Vergabe von Staatsaufträgen willkürlich behandelt fühlt, freisteht, eine Beschwerde („protest") an den Bundesrechnungshof zu adressieren. Da die Bundesgerichte bislang davon ausgegangen sind, daß prospektive Auftragnehmer keine Klagebefugnis haben[86], und die Schutzmöglichkeiten im Vergabeverfahren selbst meistens nicht ausreichen[87], mußten sich die betroffenen prospektiven Auftragnehmer nach anderen Schutzmöglichkeiten umsehen. Sie riefen den Comptroller General an, dessen Aufgabe unter dem „Budget and Accounting Act"[88] es unter anderem ist, bestimmte Ansprüche gegen die Verwaltung zu entscheiden[89]. Der Comptroller General hat den Anruf positiv aufgenommen und die ihm gesetzlich zugewiesenen Aufgaben so interpretiert, daß es ihm auch möglich war, über Beschwerden zu entscheiden, mit denen die betroffenen Unternehmen eine Verletzung der einschlägigen Beschaffungsgesetze geltend machten[90].

Für die Entscheidung über Beschwerden („protests") gab es bis zum Jahre 1968 kein festgelegtes Verfahren, insbesondere wurden die Konkurrenten des Beschwerdeführers bzw. der erfolgreiche Anbieter nicht regelmäßig von der Beschwerde verständigt und hatten so keine Möglichkeit, ihren Standpunkt darzulegen. Der Comptroller General versuchte diesen Zustand mit der Überlegung zu rechtfertigen, daß die Gesetze, welche das Beschaffungsverfahren regeln, allein zugunsten der

---
sie eine schärfere Überprüfung ihrer finanziellen Ausgaben befürchteten, vgl. *Cibinic* und *Lasken*, The Comptroller General and Government Contracts, 38 George Washington L.Rev. 349, insbes. 375 (1970).
[85] Dazu im folgenden.
[86] Dazu im folgenden Unter-Abschnitt.
[87] Vgl. den vorangegangenen Unter-Abschnitt.
[88] 31 U.S.C. § 41.
[89] 31 U.S.C. § 71.
[90] Vgl. zu dieser Entwicklung, Machinery and Allied Products Institut (Hrsg.), The Government Contractor and the General Accounting Office, Washington D.C. 1966.

Verwaltung erlassen worden seien[91], und daß der Bundesrechnungshof nur die Frage nachzuprüfen habe, ob die beschaffenden Behörden die öffentlichen Gelder in gesetzmäßiger Weise ausgegeben hätten; nicht dagegen überprüfe er die Auswirkungen des Handelns der Beschaffungsstellen auf Private. Ein festgelegtes Verfahren sei überdies nur zeitraubend und verlangsame die Entscheidung über die jeweilige Beschwerde[92]. Der Ausschuß für „Government Operations" des Repräsentantenhauses war jedoch mit dieser Begründung nicht zufrieden und argumentierte — wohl unter dem Druck der Industrieverbände —, daß es ebenfalls im Interesse des Staates liege, daß alle an einer Beschaffung interessierten prospektiven Auftragnehmer die Gelegenheit haben, zu der Beschwerde ihres Konkurrenten Stellung zu nehmen, da eine mögliche Unterbrechung des Vergabeverfahrens auch sie betreffen würde[93].

a) Das Verfahren der Entscheidung über Beschwerden

Die Einwände des Ausschusses für „Government Operations" führten dazu, daß der Comptroller General eine Verordnung erließ, die das Verfahren der Entscheidung über Beschwerden prospektiver Auftragnehmer regelt[94]. In der sehr allgemein gehaltenen Verordnung heißt es, daß eine „interested party", die gegen die beabsichtigte oder bereits erfolgte Vergabe eines Staatsauftrages durch eine Behörde, die der Rechnungsprüfung durch den Comptroller General unterliegt, Einwendungen erheben möchte, einen „protest" an den Bundesrechnungshof adressieren kann. Dritte, die durch die Beschwerde berührt werden, sind zu benachrichtigen. Sie haben ein Recht auf mündliches Gehör vor dem Mitglied des Bundesrechnungshofes, das den „protest" bearbeitet.

b) Die Frage der Bindung der Beschaffungsbehörden an die Entscheidungen des Bundesrechnungshofes

Im „Budget and Accounting Act" ist von „protests" nicht die Rede. Bindend sind nach diesem Gesetz nur die Entscheidungen des Bundesrechnungshofes, welche die geprüften Buchungen betreffen. Den er-

---

[91] Insofern folgte der Rechnungshof der Rechtsprechung des U.S. Supreme Court in Perkins v. Lukens Steel Co., 310 U.S. 113 (1940), dazu ausführlich im nächsten Unter-Abschnitt.

[92] Vgl. GAO Bid Protest Procedures, 18th Report based on a Study of the Legal and Monetary Affairs Subcommittee of the Committee on Government Operations, 90th Cong., 2d Sess., Report No. 1134, S. 11 ff. (1968).

[93] GAO Bid Protest Procedures, ebd., S. 3.

[94] 31 C.F.R. § 20.

II. Schutz durch den Bundesrechnungshof

wähnten „advance decisions", denen der Bundesrechnungshof die Entscheidungen über „protests" gleichstellt, um seine Kompetenz zu begründen, kommt dagegen außerhalb des Rechnungshofes keine bindende Wirkung zu[95].

Damit sind aber auch die Entscheidungen über „protests" für die Beschaffungsstellen rechtlich nicht bindend[96]. Trotzdem beachten die beschaffungsorientierten Behörden, z. B. auch die NASA, die „advance decisions" und die Entscheidungen des Comptroller General über Beschwerden so genau, als hätten sie bindende Wirkung[97]. Auch der Court of Claims hat in einem Falle festgestellt, daß die Entscheidungen über „protests" so behandelt werden, als käme ihnen bindende Wirkung zu[98].

3. Umfang und Grenzen des durch den Bundesrechnungshof gewährten Schutzes

Der Comptroller General steht nach wie vor auf dem Standpunkt, daß er in erster Linie das Interesse der Vereinigten Staaten zu verteidigen hat und den Beschwerden Privater nur insoweit abhelfen muß, als er damit gleichzeitig auch den Interessen der USA dient[99]. Diese Grundeinstellung wird auch im Beschwerdeverfahren selbst deutlich, wo dem Beschwerdeführer eine schlechtere Position zukommt als der Beschaffungsbehörde, gegen welche sich seine Beschwerde richtet.

---

[95] 31 U.S.C. §§ 74 und 82 d. Das bedeutet, daß die Behörde nicht an die „advance decision" mit rein beratendem Charakter gebunden ist. Der Bundesrechnungshof hingegen ist an seine „Beratung" gebunden, wenn er später eine endgültige Entscheidung in der Angelegenheit trifft, vgl. auch Fn. 80 in diesem Teil.

[96] Vgl. dazu *Cibinic* und *Lasken*, aaO., S. 378.

[97] Dies läßt sich zum Teil wiederum durch die Furcht der Behörde vor schärferen Kontrollen begründen. Der Rechnungshof hat in zwei Fällen sogar ausdrücklich Vergeltungsmaßnahmen angedroht, falls die Behörde sich seinen Entscheidungen nicht fügen sollte, vgl. 13 Comp.Gen. 315, insbes. 317 (1934): „a similar occurence will likely necessitate ... disallowance of all payments made", und ebenso 44 Comp.Gen. 221, insbes. 223 (1964).

[98] Vgl. Graybar Electric Co. v. United States, 90 Ct.Cl. 232 (1940); der Tenor der Entscheidung ist, daß der erfolgreiche Anbieter dann die Erfüllung des Staatsauftrages unterbrechen kann, ohne sich Schadensersatzanspruch auszusetzen, wenn der Bundesrechnungshof (auf eine Beschwerde hin) das Vergabeverfahren als nicht rechtmäßig bezeichnet hat.

[99] Vgl. 44 Comp.Gen. 221, insbes. 223 (1964); 33 Comp.Gen. 532, insbes. 536 bis 537 (1959). In manchen Entscheidungen setzt der Comptroller General das Interesse der Vereinigten Staaten als Partei in einem Verfahren (!) mit dem „public interest" gleich, oder er begründet eine für den Beschwerdeführer günstige Entscheidung damit, daß die Integrität des Vergabeverfahrens im öffentlichen Interesse und damit im Interesse der Vereinigten Staaten liege. Zum Begriff des „public interest", vgl. Fn. 6 im Ersten Teil.

Einmal hat der Beschwerdeführer keine Garantie auf ausreichendes Gehör, insbesondere gibt es kein gerichtsähnliches Verfahren, zum anderen gilt bei entscheidungserheblichen, aber zweifelhaften Tatsachen eine Vermutung für die Richtigkeit der Darstellung der Beschaffungsbehörde[100].

Der Bundesrechnungshof hat auch bislang nicht klar gesagt, ob er das Vergabeverfahren nur an Hand der Beschaffungsgesetze, insbesondere des „Armed Services Procurement Act", oder auch der Beschaffungsverordnungen, z. B. der NASA PR und der ASPR[101], nachprüft. In seinen Entscheidungen argumentiert der Rechnungshof meistens vom Gesetz her, das er jedoch mit Hilfe der Verordnungen auslegt[102].

Die meisten Entscheidungen des Comptroller General über Beschwerden in Zusammenhang mit der Vergabe von Staatsaufträgen betreffen das Verfahren der Öffentlichen Ausschreibung („Formal Advertising"). Die Entscheidungen von „protests", welche die Freihändige Vergabe unter Wettbewerbsbedingungen, insbesondere das Bewertungsverfahren betreffen, bilden eine kleine Minderheit[103]. Das hängt damit zusammen, daß — mit Ausnahme der NASA, die vorwiegend FE-orientiert ist — der Großteil der Staatsaufträge des Bundes durch Öffentliche Ausschreibung vergeben werden, und die Beschwerden demzufolge auch vor allem dieses Verfahren betreffen. Die großen Firmen, die sich auf FE-Arbeiten spezialisiert haben, üben eine gewisse Zurückhaltung mit „protests", da sie wissen, daß der Comptroller General, als Sachwalter der Interessen des Staates, selbst im Falle offensichtlicher Willkür, kaum den FE-Zyklus im „Phased Project Planning" unterbrechen würde, da die finanziellen Nachteile für den Staat viel zu groß wären und das Projekt in den meisten Fällen zum Scheitern verurteilt wäre.

Selten sind die Fälle, in denen der Comptroller General einer Beschwerde über ein Bewertungsverfahren wirklich abgeholfen hat. Meistens begnügt er sich damit, Unregelmäßigkeiten festzustellen und Richtlinien, etwa für den „competitive range" zu geben. Diese Entscheidungen haben dann vor allem einen erzieherischen Effekt für die

---

[100] Vgl. 42 Comp.Gen. 126, insbes. 134 (1962) mit weiteren Nachweisen.

[101] Vgl. oben im Dritten Teil, II.

[102] Dazu vgl. *Cibinic* und *Lasken*, aaO., S. 384 und Machinery and Allied Products Institut, aaO., S. 4.

[103] Seit 1963 hat sich der Comptroller General in kaum mehr als dreißig Entscheidungen mit „protests" beschäftigt, welche das Verfahren der Freihändigen Vergabe unter Wettbewerbsbedingungen betrafen („Negotiation"), vgl. *Munves*, Requirements for Negotiation under 20 U.S.C. 2304 (g) in Hearings before the Subcommittee of the House Committee on Government Operations, 91 Cong., 1st Sess., pt. 4, S. 1259 (1969).

II. Schutz durch den Bundesrechnungshof

betreffenden Behörden, gegen welche sich die Beschwerde richtet. Einen wirksamen Schutz gegen Willkür vermögen die Entscheidungen des Comptroller General dem erfolglosen prospektiven Auftragnehmer meistens nicht zu bieten, da die „protest"-Entscheidungen nur in den seltensten Fällen bewirken, daß z. B. das willkürlich übergangene Unternehmen den begehrten Staatsauftrag doch noch erhält oder zumindest einen angemessenen Ausgleich für erlittene Einbußen erlangt.

Im folgenden werden einige Entscheidungen des Comptroller General angeführt, die das eben Gesagte unterstreichen sollen:

(1) Es gibt Fälle, in denen der Bundesrechnungshof eine Verletzung der gesetzlichen Erfordernisse für das Verfahren der Öffentlichen Ausschreibung festgestellt, daraufhin den Vergabeprozeß gestoppt und ein neues Vergabeverfahren angeordnet hat[104]. In anderen Fällen hat der Bundesrechnungshof die Behörde dazu veranlaßt, bestimmte Angebote zurückzuweisen und andere zu berücksichtigen[105]. Derart eingreifende Entscheidungen sind aber selbst bei Beschwerden über Beschaffungen durch Förmliche Ausschreibungen sehr selten. Im allgemeinen überläßt der Bundesrechnungshof dem Beschaffungsspezialisten die Entscheidung über die eigentliche Auftragsvergabe.

(2) Wenn es schon selten ist, daß der Comptroller General in die Vergabe durch Öffentliche Ausschreibung eingreift und die Beschaffungsbehörden anweist, bestimmte Handlungen vorzunehmen, anstatt lediglich Unregelmäßigkeiten festzustellen und mit künftigen Sanktionen zu drohen, so ist es — selbst bei schweren Verstößen gegen beschaffungsrechtliche Vorschriften[106] oder bei offensichtlicher Willkür — kaum zu erwarten, daß der Comptroller General ein Verfahren der Freihändigen Vergabe unter Wettbewerbsbedingungen mit Bewertungsausschüssen unterbricht, um dem willkürlich oder gesetzwidrig behandelten prospektiven Auftragnehmer zu helfen.

In einem Beschwerdefall, der im Jahre 1966 entschieden wurde[107], ging es um die Beschaffung einer Bordkanone durch die U.S. Navy. Die Beschaffungsspezialisten waren der Überzeugung, daß das Angebot des prospektiven Auftragnehmers A dem Angebot des B technisch weit überlegen sei, doch war der im Angebot des B genannte Preis wesentlich niedriger als der Preis, den A nannte. Wegen der technischen Überlegenheit seines Angebotes wurde der Auftrag an A vergeben. Mit B wurde gar nicht verhandelt. B adressierte eine Beschwerde an den Rechnungshof. Der Comptroller General entschied, daß der Rechnungshof zwar nicht das Recht habe, die technischen Fähigkeiten des A in Frage zu stellen, da dies eine Sache des Ermessens der Beschaffungsspezialisten

---

[104] z. B. 38 Comp.Gen. 291 (1958).
[105] z. B. 42 Comp.Gen. 36 (1962); 41 Comp.Gen. 721 (1962).
[106] Insbes. gegen 10 U.S.C. § 2304 (g): „written or oral discussions shall be conducted with all responsible offerors, who submit proposals within a competitive range, price and other factors considered." Dazu vgl. auch oben in diesem Abschnitt, I, 2, a), aa).
[107] 45 Comp.Gen. 417 (1966).

sei[108], daß er aber dennoch feststellen müsse, daß die Navy mit B zumindest hätte verhandeln müssen. Zum Nachteil des „Government" habe kein Preiswettbewerb stattgefunden. Die Beschaffung wurde jedoch nicht aufgehoben, da A bereits mit den Entwicklungsarbeiten begonnen hatte.

In einer anderen Beschaffung[109] forderte die Army zur Abgabe von Angeboten im Rahmen einer „Competitive Negotiation" auf. Acht Angebote trafen ein. Das beste Angebot wurde ausgesucht, Verhandlungen geführt und der Auftrag vergeben. Der Rechnungshof wurde von einem der Konkurrenten des erfolgreichen Unternehmens angerufen. Er entschied, daß die Beschaffungsstelle der Army mit allen Anbietern hätte verhandeln müssen („written or oral discussions"). Jedoch wurde die Beschaffung nicht aufgehoben, da der Rechnungshof davon ausging, daß dies nicht im Interesse des Staates sei.

In den meisten Entscheidungen, in denen es um Beschwerden geht, welche die Bandbreite des „competitive range" im stufenweisen Einengungsprozeß („narrowing down") betreffen, hat sich der Rechnungshof geweigert, die Ermessensentscheidung der Beschaffungsbehörde, bzw. ihres Bewertungsausschusses nachzuprüfen. Ein Satz, der in den Entscheidungen des Comptroller General immer wiederkehrt, lautet: "... decisions as to which firms are and which firms are not within a competitive range are a matter of administrative discretion which this office should consider reversing only upon a clear showing that such determination was made in arbitrary abuse of that discretion ...[110]."

Als Ergebnis kann festgehalten werden, daß sich der Bundesrechnungshof grundsätzlich als Sachwalter der Interessen des Staates versteht. Insofern kann er nicht mit einem Gericht verglichen werden, da er von vornherein Partei nimmt. Er hilft dem „protest" des Beschwerdeführers nur dann ab, wenn feststeht, daß die Beschaffungsbehörde gegen die Interessen des Staates verstoßen hat. Dabei wird jedoch betont, daß der Staat ein Interesse an einem willkürfreien Vergabeverfahren habe. In Fällen begründeter Beschwerden, die sich auf eine Beschaffung im Rahmen einer Öffentlichen Ausschreibung beziehen, hat der Beschwerdeführer eine gewisse Chance, daß der Comptroller General versuchen wird, seiner Beschwerde abzuhelfen. Im Verfahren der Freihändigen Vergabe unter Wettbewerbsbedingungen dagegen haben die Beschaffungsstellen weite Ermessensspielräume, in die der Rechnungshof nur dann eingreift, wenn eine offensichtlich will-

---

[108] In Wirklichkeit prüfte der Rechnungshof jedoch auch die technische Seite der Angebote nach, da er davon ausging, daß das Angebot des B zumindest prima facie technisch so gut war, daß es innerhalb des „competitive range" lag, was dem B ein Recht auf „oral or written discussions" gab.

[109] 46 Comp.Gen. 191 (1967).

[110] Vgl. B - 158042, March 30, 1966; B - 161767, August 22, 1967, 46 Comp.Gen. 606 (1967); vgl. auch die weiteren Nachweise bei *Pierson*, Standing to Seek Judicial Review of Government Contract Awards: Its Origins, Rationale and Effect on the Procurement Process, 12 Boston College Industrial and Commercial Law Review 1, insbes. S. 32 (1970).

kürliche Vergabeentscheidung vorliegt. Doch selbst im Falle offensichtlicher Willkür wird der Rechnungshof der Beschwerde dann nicht abhelfen, wenn dadurch — was die Regel ist — das Interesse des Staates zu sehr beeinträchtigt wird, weil etwa der Erfolg eines FE-Projektes für die Verteidigung oder die Weltraumforschung auf dem Spiele steht.

III. Schutz durch die Bundesgerichte

Nur ein geringer Teil der Entscheidungen amerikanischer Bundesverwaltungsbehörden gelangt zur gerichtlichen Nachprüfung („judicial review")[111]. Dieser Umstand läßt sich teilweise dadurch erklären, daß den Betroffenen in dem justizförmig ausgestalteten Verfahren vor den Bundesverwaltungsbehörden ausreichend wirksame Rechtsbehelfe im Sinne des APA zur Seite stehen.

Im Vergabeverfahren von Staatsaufträgen jedoch kommen diese APA-Rechtsbehelfe nur in ganz geringem Umfang zur Anwendung[112]. Man könnte deswegen annehmen, daß der gerichtliche Schutz gegen Willkür staatlicher Beschaffungsstellen um so besser ausgestaltet ist. Das Gegenteil ist der Fall.

Eine Nachprüfung der Vergabeentscheidung der Beschaffungsstellen des Bundes durch die Bundesgerichte war lange Zeit hindurch grundsätzlich ausgeschlossen. Erst in jüngster Zeit beginnt sich eine Entwicklung abzuzeichnen, die dahingeht, auch das Vergabeverfahren von Staatsaufträgen in gewissem Umfang der Kontrolle durch die Bundesgerichte zu unterwerfen. Damit steht allerdings noch nicht fest, daß die Bundesgerichte den prospektiven Auftragnehmern, insbesondere im Falle von FE-Aufträgen, einen wirksamen Schutz gegen Willkürentscheidungen der Beschaffungsstellen zu gewähren vermögen.

Die folgenden Erörterungen über die Klagebefugnis (*„standing to sue"*) als Voraussetzung für den gerichtlichen Schutz prospektiver Auf-

---

[111] d. h. zu den Bundesgerichten einschließlich „Court of Claims"; zur Frage der gerichtlichen Nachprüfung von Akten der Executive, vgl. 5 U.S.C. § 701 ff. (APA). Die Vorschriften des APA dürfen jedoch nicht isoliert von der Rechtsprechung betrachtet werden, da sie vor allem den durch Fall-Recht entwickelten Rechtszustand wiedergeben, vgl. Attorney General's Manual on the Administrative Procedure Act, Washington D.C. 1947, S. 136. Andererseits wird der APA von den Gerichten in zunehmendem Maße zur Rechtsfortbildung im „Administrative Law" herbeigezogen; dazu vgl. weiter unten; vgl. auch *Jaffee*, Judicial Control of Administrative Action, Boston und Toronto 1965; ferner *Van Alstyne*, Arvo, Judicial Protection of the Individual against the Executive of the United States of America, in Gerichtsschutz gegen die Exekutive, Länderberichte, Bd. 2, herausgegeben vom Max-Planck-Institut für ausländisches öffentliches Recht und Völkerrecht (in Beiträgen zum ausländischen öffentlichen Recht und Völkerrecht, Bd. 52), Köln, Berlin, Bonn, München 1970, S. 1123.

[112] Vgl. oben in diesem Teil, I, 1.

tragnehmer gegen willkürliche Entscheidungen der Beschaffungsstellen werden von einem wichtigen einschlägigen Fall eingeleitet. Es handelt sich um die Entscheidung des mittelinstanzlichen Bundesgerichtes für den „District of Columbia Circuit" aus dem Jahre 1970 im Falle Scanwell Laboratories, Inc. v. Shaffer[113]:

> Die amerikanische Bundesbehörde für Luftfahrt („Federal Aviation Agency") beschloß im Jahre 1969, elektronisches Gerät für die Flugsicherung durch Öffentliche Ausschreibung zu beschaffen. Die Beschaffungsunterlagen („invitations for bid") sahen vor, daß nur solche Unternehmen für den Auftrag in Frage kommen sollten, die bereits ähnliche Geräte mit Erfolg auf Flughäfen installiert hatten[114]. Bei der Öffnung der Angebote stellte sich heraus, daß „Airborne Instrument Laboratory" preislich am günstigsten war, während der von „Scanwell Laboratories" genannte Preis etwas höher lag. Der Auftrag wurde daraufhin an „Airborne" vergeben. Als die Vertreter von „Scanwell", die in ihren Angebotsunterlagen nachgewiesen hatten, daß sie bereits ähnliche Geräte entwickelt und in die Flugsicherung verschiedener Flughäfen erfolgreich integriert hatten, erfuhren, daß „Airborne" bislang noch kein Gerät dieser Art installiert hatte, adressierten sie eine Beschwerde an die Bundesbehörde für Luftfahrt und rügten, daß die Beschaffungsspezialisten der Bundesbehörde für Luftfahrt es unterlassen hatten, das Angebot von „Airborne" als nicht den Spezifikationen der Beschaffungsunterlagen entsprechend („unresponsive")[115] zurückzuweisen[116]. Die Bundesbehörde teilte daraufhin den Vertretern von „Airborne" mit, daß sie mit den Entwicklungsarbeiten fortfahren sollten. Die Beschwerde von „Scanwell" wurde dagegen mit der Erklärung zurückgewiesen, daß die Frage der vorherigen erfolgreichen Entwicklung von Flugsicherungsgeräten lediglich die Beurteilung der organisatorischen und technischen Erfahrung und Kapazität („determination of responsibility") der prospektiven Auftragnehmer betreffe, nicht aber eine Frage der „responsiveness" ihrer Angebote sei, d. h. daß es nicht um die Frage gehe, ob das Angebot den Spezifikationen der Ausschreibung genau entspreche. Die Behörde habe daher im Rahmen ihres Ermessensspielraumes gehandelt. Die Auftragsvergabe sei fehlerfrei. „Scanwell" begnügte sich nicht mit der Erklärung der Bundesbehörde für

---

[113] 424 F.2d 859 (D.C. Cir. 1970).

[114] Die Aufforderung zur Abgabe von Angeboten („invitation for bids") enthielt folgende Bedingung: „To be responsive to this request, the contractor shall submit evidence that an identical equipment complement, as that proposed for this procurement, has previously been installed in at least one location ...".

[115] Es wurde bereits oben gezeigt (Dritter Teil, III, 1, b), daß die Bedeutung der Unterscheidung zwischen *„responsibility"* und *„responsiveness"* darin liegt, daß die Behörde bei der Frage der Bestimmung der finanziellen, technischen und organisatorischen Kapazität eines Unternehmens („*responsibility*") einen Ermessensspielraum hat, während sie bei der Frage, ob ein Angebot den Spezifikationen der Beschaffungsunterlagen entspricht *(„responsiveness")* gebunden ist.

[116] 41 C.F.R. § 1—2. 301 (a) bestimmt: "Any bid which fails to conform to the essential requirements of the invitation for bids, such as specifications, delivery schedule or permissible alternates thereto, shall be rejected as non-responsive." Die entsprechende Vorschrift in der NASA findet sich in 2.404 - 2.

III. Schutz durch die Bundesgerichte

Luftfahrt und sandte im März 1969 eine Beschwerde („protest") an den Bundesrechnungshof („General Accounting Office"), in der er um Aufhebung der Auftragsvergabe bat. Zugleich beantragte er beim erstinstanzlichen Bundesgericht in Washington D.C. („District Court") eine „Einstweilige Verfügung" („moved to enjoin from proceeding with the contract") gegen die Luftfahrtbehörde und „„Airborne", um zu verhindern, daß diese mit der Entwicklung der Navigationsgeräte fortführen. Klageziel war die Aufhebung der Auftragsvergabe.

Der Bundesrechnungshof erklärte die Auftragsvergabe jedoch für fehlerfrei. Diese Entscheidung wurde einmal damit begründet, daß es nicht erwiesen sei, daß die Luftfahrtbehörde gegen die Regeln des Beschaffungsrechts verstoßen habe, da nach der Formulierung der Beschaffungsunterlagen das Erfordernis früherer Erfahrung auf dem Gebiet der Entwicklung und Installierung entsprechender Navigationsgeräte sowohl als eine Frage der „responsibility" als auch der „responsiveness" angesehen werden könne. Zum anderen sei der Auftrag bereits vergeben, die Entwicklung der Geräte im Gange, und es läge daher nicht im „öffentlichen Interesse", die Auftragsvergabe aufzuheben[117].

Der „District Court" wies die Klage aus Gründen der „Souveränen Immunität" („*sovereign immunity*") und der mangelnden Klagebefugnis ab (*„lack of standing to sue"*). Scanwell legte sofort Berufung zum mittelinstanzlichen Bundesgericht in Washington ein („U.S. Court of Appeals of the District of Columbia Circuit").

Der „Court of Appeals" hat sich nur mit den Fragen der Souveränen Immunität[118] und der Klagebefugnis beschäftigt. Er kam zu dem Ergebnis, daß „Scanwell" unter dem APA die Klagebefugnis zugestanden habe, da er nicht nur in eigenem Interesse, sondern auch als Sachwalter des „öffentlichen Interesses" aufgetreten sei (*„as a private attorney general to vindicate the public interest"*). Da somit die Vorschriften des APA über die gerichtliche Nachprüfung von Akten der Exekutive („judicial review") zur Anwendung kämen, könne sich der Staat auch nicht auf das Privileg der „sovereign immunity" berufen, da er spätestens mit Einführung des APA

---

[117] Comp.Gen. B - 166 468, July 3, 1969. Diese Begründung ist typisch für viele Entscheidungen des GAO, vgl. oben in diesem Teil, II, 3.

[118] Die alte Lehre von der Souveränen Immunität (*„sovereign immunity from suit"*) besagt, daß gegen die Krone, bzw. den Staat nicht geklagt werden kann, es sei denn der Staat hat auf dieses Privileg verzichtet, vgl. Lynch v. United States, 292 U.S. 571, 581—582 (1934) und United States v. Shaw, 309 U.S. 495 (1940). Der Richter Oliver Wendell Holmes versuchte in Kawananakoa v. Polybank, 205 U.S. 349, S. 353 (1907) die Lehre von der „sovereign immunity" zu entmystifizieren und staatstheoretisch zu begründen. Dabei ersetzte er jedoch lediglich die Idee des charismatischen Souveräns durch die eines monolithischen Staatsbegriffes und verfiel damit gerade dem Konzeptualismus, gegen den er zu kämpfen scheint: "A sovereign is exempt from suit, not because of any formal conception or obsolete theory, but on the logical and practical ground that there can be no legal right as against the authority that makes the law, on which the right depends." Die Lehre von der „sovereign immunity" ist heute noch von gewisser Bedeutung im Bereich der Schadensersatzansprüche gegen die Einzelstaaten. Der Bund hat im „Federal Tort Claims Act" von 1946 (28 U.S.C, § 2674 ff.) in großem Umfang auf seine Immunität verzichtet.

auf dieses Privileg verzichtet habe[119]. Der Fall wurde an das erstinstanzliche Bundesgericht zurückverwiesen. Dessen Entscheidung liegt, soweit ersichtlich, noch nicht vor. „Airborne" hat den Auftrag längst ausgeführt, d. h. die Navigationsinstrumente entwickelt und auf den Flughäfen installiert.

Obwohl die Entscheidung des „Court of Appeals" im Falle „Scanwell" dem Kläger nicht zu dem begehrten Staatsauftrag verholfen hat, ist diese Entscheidung für die Lehre von der Klagebefugnis in bestimmten beschaffungsrechtlichen Fällen von großer Bedeutung, da in dieser Entscheidung, im Gegensatz zur bisherigen Rechtssprechung der Bundesgerichte, dem enttäuschten Anbieter in einer Öffentlichen Ausschreibung die Befugnis zugebilligt wurde, die Vergabeentscheidung der Beschaffungsbehörde durch eine Klage anzugreifen.

Im folgenden wird, ausgehend von den Fällen, die als Grundlage für die bisherige Verneinung der Klagebefugnis prospektiver Auftragnehmer, gewertet werden, die Entwicklung der Lehre von der Klagebefugnis bis zum „Scanwell"-Fall und seinen Folgeentscheidungen dargestellt.

1. Die Frage der Klagebefugnis

Im amerikanischen „Administrative Law" gibt es eine Reihe von prozeßtechnischen Einschränkungen der gerichtlichen Nachprüfung von Akten der Exekutive. Dazu gehören die Lehren von der Souveränen Immunität[120], der Entscheidungsreife („ripeness")[121], der Erschöpfung der verwaltungsinternen Rechtsbehelfe („exhaustion of remedies")[122] und auch die Klagebefugnis („standing to sue")[123].

---

[119] Zum gleichen Ergebnis hinsichtlich der Frage der „sovereign immunity" kam das Gericht in der Entscheidung Estrada v. Ahrens, 296 F.2d 690 (1961).

[120] Dazu oben Fn. 118 in diesem Teil.

[121] Die „Reife-Doktrin" dient meist dazu, eine verfrühte Klage als unzulässig abzuweisen, vgl. im einzelnen Davis, „Administrative Law" Cases-Text-Problems, 2. Aufl., St. Paul 1965, S. 397 (im folgenden zitiert als Davis, Cases); insbes. auch die Entscheidung Abott Laboratories v. Gardner, 387 U.S. 136, insbes. 148—156 (1967).

[122] Die Doktrin der „exhaustion" besagt, daß der Kläger erst den Verwaltungsweg erschöpfen muß, bevor er ein Gericht anrufen kann. Dies gilt aber nur für das Verwaltungsverfahren selbst, nicht dagegen für den „protest" zum Bundesrechnungshof, da der „protest" nicht als Rechtsbehelf („administrative remedy") im engeren Sinne angesehen wird, vgl. Scanwell Lab. v. Shaffer, 424 F.2d, 859, insbes. 875 (D.D. Cir. 1970). Siehe auch Speidel. Exhaustion of Administrative Remedies in Government Contracts, 38 New York Univ.L.Rev. 621 (1963) (der Aufsatz behandelt vor allem die Frage der Erschöpfung verwaltungsinterner Rechtsbehelfe im Hinblick auf die „disputes clause", dazu oben in diesem Teil vor I). Insbesondere auch Davis, Cases, aaO., 380 ff. und Jaffee, Judicial Control, aaO., S. 385 ff.

[123] Dazu im folgenden unten. Zu erwähnen ist noch die „political question doctrine", welche die gerichtliche Nachprüfbarkeit solcher Akte der Exekutive verbietet, die aus bestimmten Gründen endgültig sein müssen. Dazu

Je nachdem, ob die Klage mehr im allgemeinen oder mehr im privaten Interesse ist, wird der Kläger versuchen, seine Klagebefugnis auf seine Stellung als Bürger, Steuerzahler oder Konsument oder darauf zu gründen, daß eine seiner von der Rechtsordnung anerkannten Positionen („*legal right*") verletzt wurde[124].

(1) Von den Klagen, die auch das allgemeine Interesse betreffen („*public actions*"), z. B. in der Form des „*mandamus*"[125] des Staatsbürgers oder der „*injunction*"[126] des Steuerzahlers, sind letztere als sogenannte „Steuerzahler-Fälle" („taxpayer-cases") besonders bekannt geworden[127]. Zwar entschied der Supreme Court in dem Falle Frothingham v. Mellon im Jahre 1923[128], daß eine Steuerzahlerin nicht berechtigt sei, die Verfassungsmäßigkeit von Bundesausgaben in Frage zu stellen und sie deshalb keine Klagebefugnis habe, weil ihr Anteil am Steueraufkommen des Bundes so gering sei, daß kein echter Streit („case or controversy")[129] im Sinne der Verfassung vorliege. Doch ging der Supreme Court im Falle Flast v. Cohen[130] von der „Frothingham"-Entscheidung wieder ab[131].

Scharpf, Judicial Review and the Political Question: A Functional Analysis, 75 Yale L.J. 517 (1966); und *Scharpf*, Grenzen der richterlichen Verantwortung. Die political-question Doktrin in der Rechtsprechung des amerikanischen Supreme Court (Freiburger rechts- und staatswissenschaftliche Abhandlungen, Bd. 22), Karlsruhe 1965.

[124] Zur Klagebefugnis im „Administrative Law": *Jaffee*, Standing to Secure Judicial Review: Public Actions, 74 Harvard L.Rev. 1269 ff. (1961); *Jaffee*, Standing to Secure Judicial Review; Private Actions, 75 Harvard L.Rev. 225 (1961): Jaffees Unterscheidung in „private" und „public" actions, d. h. Klagen die mehr im eigenen oder mehr oder weniger auch im öffentlichen Interesse sind, hat sich bei den Bundesgerichten bislang nicht durchgesetzt. Erst seitdem die Bundesgerichte aus dem Labyrinth der „standing"-Doktrin durch einen „tour de force" auszubrechen suchen, greifen sie auf Jaffees Unterscheidung zurück. Im folgenden wird Jaffees Unterscheidung in „public" und „private actions" in soweit beachtet, als sie eine Hilfe für die Aufklärung der Frage der Klagebefugnis des prospektiven Auftragnehmers ist. Für Untersuchungen über den Stand der Diskussion über die Klagebefugnis nach der „Scanwell" Entscheidung, vgl. *Davis*, The Liberalized Law of Standing, 37 Univ. of Chicago L.Rev. 450 (1970), und der Kommentar, Standing of Private Parties to Vindicate the Public Interest, 50 Boston Univ. L.Rev. 417 (1970).

[125] Klage gegen einen Vertreter des Staates auf Vornahme einer Handlung (Common Law Writ — ursprünglich vor dem englischen „Court of King's Bench"), vgl. *Henrich*, Einführung in das englische Privatrecht, Darmstadt 1971, S. 19.

[126] Entspricht etwa der „Einstweiligen Verfügung", vgl. Federal Rules of Civil Procedure, Rule 65, 28 U.S.C. § 2072.

[127] Dazu *Hoffman*, Standing of Private Parties to Vindicate the Public Interest, 50 Boston Univ. L.Rev. 417 (1970).

[128] 262 U.S. 447 (1923).

[129] Art. III, Abs. 2 der Verfassung der Vereinigten Staaten sieht vor, daß die Bundesgerichte grundsätzlich nur in streitigen Fällen entscheiden dürfen.

[130] 392 U.S. 83 (1968).

[131] In Flast v. Cohen stellte der Supreme Court nicht mehr auf die Höhe des Anteiles am Steueraufkommen, sondern auf die Frage ab, „whether there

(2) Bei Entscheidungen über die Klagebefugnis in den Fällen, wo der Kläger sich lediglich auf sein eigenes Interesse beruft (*„private actions"*) scheinen die Gerichte darauf abzustellen, ob der Kläger ein Interesse dartut, das von den Behörden nach dem Willen des Kongresses, wie er in einem Gesetz Ausdruck gefunden hat, berücksichtigt werden muß[132] bzw. ihm eine offensichtliche von der Rechtsordnung geschützte Position („legal right") zusteht. Um die Frage des „legal right" ging es vor allem in dem Fall Perkins v. Lukens Steel[133].

In dem Fall FCC v. Sanders Bros. Station[134], der im Jahre 1940 entschieden wurde, schien sich der Supreme Court der unkomplizierten Praxis der Gerichte der meisten Einzelstaaten zu nähern, welche die Klagebefugnis dann für gegeben halten, wenn der Kläger überzeugend dartut, daß er einen tatsächlichen Nachteil erlitten hat (*„injury in fact"*)[135]. Sanders besaß eine Sendeerlaubnis und wollte die Erteilung einer weiteren Erlaubnis an einen Konkurrenten verhindern. Das Urteil des Supreme Court gab Sanders die Klagebefugnis. Begründet wurde die Entscheidung mit dem Wortlaut des für die FCC („Federal Communications Commission") gültigen Spezialgesetzes, das grundsätzlich jeder Person oder Institution im Rahmen des Schutzbereiches des Gesetzes die Klagebefugnis zuspricht, wenn sie beschwert oder ihre Interessen nachteilig betroffen sind (*„aggrieved* or whose interests are *adversely affected"*). Die Sanders-Entscheidung hatte die Wirkung, daß in solchen Fällen, in denen ein einschlägiges Gesetz Vorschriften über die Klagebefugnis enthielt, die Klagebefugnis im allgemeinen gewährt wurde[136].

Nach der Einführung des APA im Jahre 1946, der die bereits erwähnten Vorschriften über die gerichtliche Nachprüfung von Akten der Exekutive („judicial review")[137] enthält, stellte sich die Frage, ob damit auch allgemein die Frage der Klagebefugnis („standing to sue") geregelt wurde. Der APA enthält die Vorschrift, daß „any person suffering legal wrong because of any agency action, or adversely affected or aggrieved by such action within the meaning of any relevant statute, shall be entitled to judicial review thereof"[138]. Noch

---

is a logical nexus between the status asserted and the claim sought to be adjudicated".

[132] So z. B. im „Chicago Junction Case", 264 U.S. 258 (1924); vgl. auch *Davis*, aaO., S. 424.

[133] 310 U.S. 113 (1940), dazu im folgenden.

[134] 309 U.S. 470 (1940).

[135] Einige Einzelstaaten, wie New Jersey, New York und Massachusetts haben eine Art Popularklage eingeführt, ohne daß es zu der befürchteten Überschwemmung der Gerichte mit Klagen gekommen ist, vgl. *Riegert*, aaO., S. 140.

[136] z. B. Associated Industries v. Ickes, 134 F.2d 694 (2d Cir.); National Coal Ass'n v. FPC, 191 F.2d 462 (D.C.Cir.), cert. denied, 358 U.S. 946 (1959).

[137] 5 U.S.C. §§ 701 ff.

[138] Von diesem Recht auf gerichtliche Nachprüfung von Akten der Exekutive nimmt der APA zwei Fälle aus:
(1) wenn andere Gesetze die Nachprüfung ausschließen,
(2) wenn der betreffende Akt in das Ermessen der handelnden Behörde gestellt ist; vgl. 5 U.S.C. § 701 (a). Dazu weiter unten.

heute ist umstritten, ob diese Vorschrift des APA so zu lesen ist, als ob nach „affected" ein Komma stünde, oder ob der Ausdruck „within the meaning of any relevant statute" auch die Worte „any person ... adversely affected" einschränkt. Es geht somit um die Frage, ob der APA als solcher die Klagebefugnis regelt oder ob es darüber hinaus noch eines anderen Gesetzes („specific statutory language") bedarf, wie das etwa in der oben erwähnten „Sanders"-Entscheidung angenommen wurde. Die Bundesgerichte waren bislang der letzteren Ansicht[139]. Es ist typisch für das traditionelle Mißtrauen der Common Law Richter gegenüber den Gesetzen („statutes"), daß die Gerichte erklärten, der APA habe in der Frage der Klagebefugnis nichts wesentlich Neues gebracht, sondern kodifiziere lediglich das bereits bestehende („judgemade") Recht[140]. Daher wurde in dem Fall Kansas City Power & Light Co. v. McKay[141] die Klagebefugnis eines um eine Konzession bemühten Elektrizitätswerkes, das gegen die Vergabe der Konzession an seinen Konkurrenten klagte, verneint, da es in diesem Falle kein die Klagebefugnis ausdrücklich gewährendes Spezialgesetz gebe, sondern lediglich die Vorschriften des APA anwendbar seien.

Die besondere Entwicklung der Frage der Klagebefugnis enttäuschter prospektiver Auftragnehmer baut auf diesen Grundfällen auf[142]. Sie wird im folgenden behandelt.

a) Der Hintergrund der Lehre von der mangelnden Klagebefugnis prospektiver Auftragnehmer

Auf den ersten Blick ist es überraschend, daß die Bundesgerichte in vielen Fällen, in denen es um das Vergabeverfahren von Staatsaufträgen geht, davon sprechen, daß sie die „Klagebefugnis gewähren" bzw. nicht „gewähren" („granting standing"). Der Ausdruck „granting"

---

[139] Die zuerst genannte Interpretation würde zu dem Schluß führen, daß der APA die unkomplizierte „injury in fact"-Lehre, wie sie von den Gerichten der meisten Einzelstaaten vertreten wird, kodifiziert hat.

[140] Vgl. auch Attorney General's Manual on the Administrative Procedure Act, aaO., S. 136; zu der interessanten Frage der Haltung von Common Law Richtern gegenüber „statutes" vgl. *Stone*, The Common Law in the United States, 50 Harvard L.Rev. 4 (1963); dazu auch *Rabel*, Deutsches und amerikanisches Recht, Zeitschrift für Ausländisches und Internationales Privatrecht 16, S. 340, insbes. S. 345 (1951).

[141] 225 F.2d 924 (D.C. Cir. 1955), cert. denied, 350 U.S. 884 (1955).

[142] Dazu gibt es zwei Untersuchungen neueren Datums: *Pierson*, Standing to Seek Judicial Review of Government Contract Awards: Its Origins, Rationale and Effect on the Procurement Process, 12 Boston College Industrial and Commercial L.Rev. 1 (1970); ferner die Note (Kommentar), The Erosion of the Standing Impediment in Challenges by Disappointed Bidders of Federal Government Contract Award, 34 Fordham L.Rev. 103 (1970).

ist befremdend. Man sollte eher meinen, daß die Klagebefugnis eine Einschränkung der gerichtlichen Nachprüfbarkeit von Akten der Exekutive ist, welche die Gerichte — je nach Lage des Falles — vorfinden oder nicht. Obwohl die Wendung „granting standing" daher ungenau zu sein scheint[143], macht sie doch einen Umstand deutlich, den die Bundesgerichte zum Teil zu verschleiern versucht haben: Die Bundesgerichte haben sich mit der „standing"-Doktrin ein Instrument gefertigt, das es ihnen erlaubt, die angegriffene Entscheidung der Beschaffungsbehörde über die Vergabe des betreffenden Staatsauftrages je nach Lage des Falles nachzuprüfen oder nicht nachzuprüfen, d. h. Klagen, denen sie von vornherein nicht stattgeben wollen, bereits an der „standing"-Frage[144] scheitern zu lassen, ohne erst mühsame beschaffungsrechtliche Erwägungen anstellen zu müssen[145].

Insbesondere ersparten sich die Bundesgerichte mit der Lehre von der Klagebefugnis den oft schwierigen Nachweis, daß die fragliche Entscheidung der Beschaffungsstelle in deren Ermessen lag („committed to agency discretion")[146], und daß die Beschaffungsbehörde ihr Ermessen nicht mißbraucht hatte[147]. In manchen Fällen fürchteten die Gerichte auch, wichtige Beschaffungen durch „Einstweilige Verfügungen"

---

[143] Vgl. *Jaffee*, Standing to Secure Judicial Review: Private Actions, 75 Harvard L.Rev. 255, insbes. 256 (1961). Selbst in „Scanwell", in dem das Bundesgericht davon ausging, daß ein prospektiver Auftragnehmer, der die Vergabeentscheidung angreift, in bestimmten Fällen die Klagebefugnis hat, wurde der Ausdruck „granting standing" benutzt, vgl. 424 F.2d 859, insbes. 869 und 872 (D.C. Cir. 1970).

[144] Man könnte sagen: bereits bei der Frage der Zulässigkeit der Klage.

[145] Zumal das Bundesbeschaffungsrecht mit seinen vielen Gesetzen, Verordnungen und Entscheidungen der verschiedensten Instanzen ein juristisches Spezialgebiet ist, das dem typischen „common lawyer" fremd ist und den Gerichten in vielen Fällen das besondere wirtschaftliche und technische Verständnis mangelt, das Voraussetzung für die Beurteilung der Beschaffungspraxis ist, besonders wenn es um die Fragen des Ermessens und der Willkür geht.

[146] Vgl. 5 U.S.C. § 701 (a): danach kommt die Nachprüfung durch ein Bundesgericht dann nicht in Frage, wenn „agency action (d. h. der Akt der Behörde) is committed to agency discretion by law". Dazu *Saferstein*, Nonreviewability: A functional Analysis of „Committed to Agency Discretion", 82 Harvard L.Rev. 367 (1968).

[147] Vgl. 5 U.S.C. § 706, wo von „abuse of discretion" die Rede ist. Besonders schwierig ist die Abgrenzung des Ermessens der Beschaffungsstelle im Verfahren der freihändigen Vergabe von Aufträgen, weil hier kaum klare Regeln und Standards für die eigentliche Vergabeentscheidung zur Verfügung stehen. Obwohl in dieser Hinsicht die Nachprüfung der Vergabe durch Öffentliche Ausschreibung einfacher sein dürfte (vgl. oben Dritter Teil, III, 1, b) hat das erstinstanzliche Bundesgericht von New York im Falle Royal Sundries Corp. v. United States, 111 Supp. 136 (E.D.N.Y.) eine Klage mit Hinweis auf den Mangel der Klagebefugnis abgewiesen, in welcher der Kläger geltend machte, daß sein Angebot, obwohl preislich das günstigste, nach der Öffnung der Angebote überhaupt nicht berücksichtigt wurde.

III. Schutz durch die Bundesgerichte 85

(„injunctions")[148] und durch langwierige Prozesse aufzuhalten, und auf diese Weise dem „öffentlichen Interesse", d. h. hier insbesondere dem Interesse des Steuerzahlers an einer möglichst ökonomischen Ausgabe öffentlicher Mittel zu schaden[149]. Schließlich befürchteten die Gerichte auch, daß der Abbau der „standing"-Barrieren einer Flut von Klagen den Weg öffnen würde. Eine letzte, tiefer liegende, historische Erklärung für das Zögern der Bundesgerichte, die Akte der Exekutive nachzuprüfen, könnte vielleicht auch in dem Umstand begründet sein, daß „judicial review" von Akten der Exekutive in der Verfassung der Vereinigten Staaten nicht vorgesehen ist und erst durch den U.S. Supreme Court unter dem bedeutenden Richter John Marshall mit der Entscheidung des Falles Marbury v. Madison im Jahre 1803 ermöglicht wurde[150].

b) *Die Erosion der „standing"-Doktrin:*
von der „Perkins"-Entscheidung zum „Scanwell"-Fall

Wenn die Bundesgerichte die Klage eines enttäuschten prospektiven Auftragnehmers wegen mangelnder Klagebefugnis abwiesen, so beriefen sie sich meistens auf die Entscheidung des U.S. Supreme Court im Falle Perkins v. Lukens Steel Co.[151]:

In diesem Falle behauptete Lukens, ein Stahlkonzern, das Arbeitsministerium habe, auf Grund einer Ermächtigung im „Walsh-Healy Act"[152], die Minimallöhne absichtlich so hoch festgesetzt, daß Lukens, wegen der durch die Lohnerhöhungen bedingten hohen Preise, nicht mehr in der Lage sei, erfolgversprechende Angebote für bestimmte Staatsaufträge abzu-

---

[148] Vgl. dazu Federal Rules of Civil Procedure, rule 65, 28 U.S.C. § 2072.
[149] Diese Bedenken wurden in Lind v. Staats, 289 f. Supp. 182 inbes. 186 (N.D.Cal. 1968) artikuliert: "It does not require much imagination to anticipate the chaos which would be caused if the bidding procedure under every government contract was subject to review by court to ascertain if it was fairly and properly done, and the corresponding damage and delay which would be done to government business if the injunctive power of the court was used to stay contractual activities pending judicial decision." Dazu vgl. auch *Pierson*, aaO., S. 25.
[150] 1 Cranch (5 U.S.) 137 (1803).
[151] 310 U.S. 113 (1940). Nachfolgende Fälle, in denen sich die Gerichte auf die „Perkins"-Entscheidung beriefen, sind z. B. Clement Martin, Inc. v. Dick Coop., 97 F.Supp. 961 (W.D.Pa. 1951); Robert Hawthorne, Inc. v. United States v. Gray Line Water Tours, 311 F.2d 779 (4th Cir. 1962); Edelmann v. FHA, 382 F.2d 594 (2d Cir. 1967); insbes. auch Friend v. Lee, 221 F.2d 96 (D.C. Cir.1955).
[152] 41 U.S.C. §§ 35—45 (1964). Der „Walsh Healey Act" sieht vor, daß der „Secretary of Labor" Minimallöhne vorschreiben kann, die ein Unternehmen an seine Arbeiter zu zahlen hat, wenn es einen Staatsauftrag ausführt. Die prospektiven Auftragnehmer müssen sich bereits vor Auftragsvergabe mit der Lohnfestsetzung einverstanden erklären und ihren Preis entsprechend kalkulieren. — Auch hier ein Fall in dem der Staatsauftrag als „instrument of social control" benutzt wurde; vgl. oben Zweiter Teil, I.

geben. Das mittelinstanzliche Bundesgericht gab der Klage statt. Der Supreme Court hingegen wies die Klage wegen mangelnder Klagebefugnis („*lack of standing to sue*") ab. Er begründete seine Entscheidung damit, daß die Klagebefugnis prospektiven Auftragnehmern nur dann zustehe[153], wenn sie die Bedrohung oder Verletzung eines ihnen zustehenden Rechtes („a particular right of their own")[154] nachweisen könnten, das von dem allgemeinen Interesse an einem rechtmäßigen Verfahren zu unterscheiden sei („as distinguished from the public's interest in the administration of Law"). Der U.S. Supreme Court war der Ansicht, daß kein solches Recht der Lukens-Stahlwerke verletzt worden sei, da einem Privaten grundsätzlich kein Recht („*legal right*") auf Staatsaufträge zustehe. Staatsaufträge seien als „*privilege*" anzusehen. Der Staat sei zudem bei der Auswahl der Auftragnehmer genauso ungebunden, wie ein Privater[155]. Damit verneinte das Gericht die Klagebefugnis im Sinne einer sogenannten „private action".

Aber auch unter dem Gesichtspunkt einer „public action"[156] war der Kläger erfolglos.

Das Gericht erklärte lakonisch, „nor can respondents (d. h. „Lukens Steel") vindicate any general interest which the public may have in the construction of the („Walsh-Healy") Act by the Secretary and which must be left to the political process". Die Beschaffungsgesetze und Verordnungen seien allein im Interesse des Staates geschrieben worden; der Kläger könne sich nicht auf sie berufen. Daher sei er auch (im Sinne der Klagebefugnis aus einer „public action") nicht in seinen Rechten verletzt[157], d. h. es wurde dem Kläger nicht die Möglichkeit eingeräumt, als Privater gegen eine angebliche Verletzung öffentlicher Interessen zu kämpfen, welche seiner Meinung nach auch ihn betraf.

---

[153] Zu beachten ist, daß es im Falle „Perkins" nicht um eine ganz bestimmte Beschaffung ging, sondern lediglich um künftige Beschaffungsvorgänge.

[154] d. h. insbes. „one of property, one arising out of contract, one protected against tortious invasion, or one founded on a statute, which confers a privilege, vgl. Tennessee Electric Power Co. v. TVA, 306 U.S. 118, insbes. 137 (1939).

[155] "Like private individuals and business the Government enjoys the unrestricted power to produce its own supplies, to determine those with whom it will deal, and to fix the terms and conditions upon which it will make needed purchases." Damit wird dem Staat eine nahezu unbegrenzte Abschlußfreiheit zugebilligt. Der prospektive Auftragnehmer hat dieser Entscheidung zufolge auch kein Recht auf ein rechtmäßiges Vergabeverfahren in Anlehnung an den verfassungsrechtlichen Gedanken des „due process". In Friend v. Lee, 221 F.2d 96 (1955) heißt es unter Berufung auf „Perkins": "Statutes regulating the contracting procedure of officers of the Federal Government are enacted solely for the benefit of the Government and confer no enforceable rights upon persons dealing with it."

[156] Zur Unterscheidung von „public" und „private actions", vgl. oben Fn. 124 in diesem Teil.

[157] Dazu vgl. Friend v. Lee, Fn. 284: In Heyer Products v. United States, 140 F. Supp. 409, 412 (Ct. Cl. 1956) (modified, 177 F. Supp. 251 (1959) wurde dies noch klarer ausgedrückt: "If an award was made to a bidder whose bid was not most advantageous to the Government, price and other factors considered, ... it is only the public who has a cause for complaint, and not the unsuccessful bidder."

III. Schutz durch die Bundesgerichte

Die Entscheidung „Perkins v. Lukens Steel" ist im Schrifttum wiederholt kritisiert worden. Dabei wurden vor allem folgende Gesichtspunkte hervorgehoben[158]:

(1) Anstatt sich an die „Legal right"-Frage zu klammern, hätte das Gericht erkennen müssen, daß Lukens in hohem Maße von Staatsaufträgen abhängig war. Das Hängen am Begriff der Klagebefugnis habe das Gericht von seiner eigentlichen Aufgabe abgehalten, nämlich das einschlägige Beschaffungsgesetz auszulegen.

(2) Es sei falsch gewesen, zu sagen, daß die Kompetenz der Beschaffungsstellen zur Vergabe von Aufträgen grundsätzlich eine unbeschränkte sei („unrestricted power"). Der Staat bleibe Staat, auch wenn er „fiskalisch" handle, und er sei daher immer an die Verfassung und die verfassungsmäßigen Gesetze gebunden[159].

Die erste vorsichtige Bewegung der Bundesgerichte in Richtung eines Abrückens von der „Perkins"-Regel ist die Entscheidung des Court of Claims im Falle Heyer Products Co. v. United States[160] aus dem Jahre 1956:

Heyer machte geltend, daß das Beschaffungsverfahren nicht den Vorschriften der ASPR entsprochen habe, und daß er dadurch benachteiligt worden sei. Er verlangte deswegen unter anderem die Erstattung der Aufwendungen für die Vorbereitung seines Angebotes. Das Gericht gab der Klage insoweit statt und verurteilte die Vereinigten Staaten zur Zahlung der Kosten für die Herstellung des Angebotes. In der Begründung der Entscheidung blieb das Gericht grundsätzlich bei der „Perkins"-Regel, jedoch konstruierte es ein Vertragsverhältnis („implied contract"), demzufolge die Beschaffungsstelle verpflichtet sei, alle Angebote gebührend zu würdigen. Dies aber habe sie nicht getan und daher den Vertrag gebrochen. Daher sei sie schadensersatzpflichtig („demages for breach of contract").

In Gonzalez v. Freeman[161] und Copper Plumbing & Heating v. Campbell[162] waren die Kläger durch „Debarment"[163] generell von Staatsaufträgen ausgeschlossen worden. Dagegen wendeten sie sich. Das mittelinstanzliche Bundesgericht in Washington entschied in beiden Fällen, daß den Klägern zwar — in Übereinstimmung mit „Perkins" — kein

---

[158] Siehe *Davis*, Discretionary Justice, A Preliminary Inquiry, Baton Rouge 1969, 178 ff., vgl. auch *Miller*, Administrative Discretion in the Award of Federal Contracts, 53 Michigan L.Rev. 781, insbes. 802 ff. (1955).

[159] Vgl. *Davis*, ebenda, S. 178: "The Government is still the Government even when it acts in a proprietary capacity, and the Constitution imposes many restrictions on the Government."

[160] 140 F. Supp. 409 (Ct.Cl. 1956); etwa die gleiche Frage wurde in einem Nach-„Scanwell"-Fall entschieden, in dem das Gericht zwar auch einen „implied contract" (eine Art faktischer Vertrag) annahm, aber darüberhinaus ohne Umschweife feststellte, daß dem Kläger mit Rücksicht auf „Scanwell" die Klagebefugnis zustehe, vgl. KECO Industries Inc. v. U.S. 428 F.2d 1233 (Ct.Cl. 1970).

[161] 334 F.2d 570 (D.C. Cir. 1964), vgl. dazu oben in diesem Teil, I, 1, a.

[162] 290 F.2d 368 (D.C. Cir. 1961).

[163] Zum „Debarment" („blacklisting") vgl. oben Dritter Teil, III, 1, a.

"legal right" auf einen Staatsvertrag zustehe und sie insofern keine Klagebefugnis hätten, doch hätten sie ein Recht darauf, "not to be invalidly denied equal opportunity to seek government contracts"[164]. Wenn ihnen dieses Recht auf gleiche Chancen im Vergabeverfahren verweigert werde, dann würden sie einen rechtswidrigen Nachteil („legal wrong")[165] im Sinne des APA erleiden. Daher stehe ihnen die Klagebefugnis zu, damit sie sich vor Gericht gegen den generellen Ausschluß von Verträgen durch „Debarment" verteidigen könnten[166].

Die letzte Entscheidung vor dem „Scanwell"-Fall, die noch weiter von der „Perkins"-Regel abrückte, ist Superior Oil Co. v. Udall[167] aus dem Jahre 1969:

In diesem Falle sandten sowohl die „Union Oil Company of California" als auch der Kläger „Superior Oil" Angebote für eine Ölkonzession an den „Secretary of the Interior". Obwohl der von „Union Oil" für die Konzession vorgeschlagene Preis günstiger war als das Angebot von „Superior Oil" wies der Vertreter des „Secretary" das Angebot von „Union Oil" zurück, weil es nicht unterzeichnet war und damit nicht den einschlägigen Vorschriften entsprach. Der „Secretary" selbst hob später die Entscheidung seines Vertreters auf. Gegen diesen Akt wandte sich „Superior Oil" mit einer Klage. Sowohl das untere als auch das mittelinstanzliche Bundesgericht entschieden, daß der „Secretary" die Entscheidung seines Vertreters nicht aufheben durfte. Damit gaben sie dem Kläger konkludent die Klagebefugnis in einem Falle, in dem von Vertretern des Staates gegen die einschlägigen, angeblich vor allem im Interesse des Staates erlassenen Verordnungen, verstoßen worden war.

Keine der zitierten Entscheidungen sagt klar, daß einem prospektiven Auftragnehmer bzw. erfolglosen Anbieter[168] die Klagebefugnis zusteht, wenn er Schutz gegen Willkür bei der Vergabe von Staatsaufträgen vor den Gerichten sucht. Diese Aussage ist erst in Scanwell

---

[164] 290 F.2d 371. Eine gute Besprechung des Copper Plumbing Heating-Falles ist: The Blacklisted Contractor and the Question of Standing to Sue, 56 Northwestern U.L.Rev. 811 (1962).

[165] 5 U.S.C. § 702.

[166] In Gonzales v. Freeman finden sich folgende Sätze, 334 F.2d, S. 574—575: "To say that there is no right to government contracts does not resolve the question of justiciability. Of course there is no such right: but that cannot mean that the government can act arbitrarily, either substantively or procedurally ... The injury to appellants ... gives them standing to challenge the debarment process."

[167] 409 F.2d 115 (D.C.Cir. 1969). Der Fall kam unter dem Namen Superior Oil v. Hickel 421 F.2d 1089 (1969) in die Berufung, da der „secretary of the interior" Udall von Hickel abgelöst wurde. Vom jetzigen Chief Justice des Supreme Court Burger wurde die Entscheidung geschrieben. Superior Oil v. Udall ist kein Fall aus dem Beschaffungsrecht. Dennoch wird er hier zitiert, da sich „Scanwell" auf ihn beruft.

[168] Der klagende erfolglose Anbieter wird ebenfalls als prospektiver Auftragnehmer bezeichnet, da es ihm mit seiner Klage vor allem um den Auftrag geht, und er immer noch prospektiver Auftragnehmer ist.

III. Schutz durch die Bundesgerichte 89

Laboratories, Inc. v. Shaffer[169] und mehreren Nachfolge-Fällen[170] enthalten, welche die „Scanwell"-Entscheidung zu einem wichtigen Präzedenzfall („leading case") gemacht haben.

Die Anwälte, welche im „Scanwell"-Fall die Bundesbehörde für Luftfahrt vertraten, beriefen sich auf die „Perkins"-Regel und machten geltend, daß dem Antragsteller die Klagebefugnis fehle. Das Gericht hingegen war der Ansicht, daß „Perkins" gar nicht zur Anwendung komme, da ein Akt der Legislative dieser Entscheidung ihre bindende Kraft genommen habe: Das „Fulbright Amendment" von 1952[171] habe den Walsh-Healey-Act[172] geändert und bestimmt, daß die Festsetzung der Minimallöhne durch das Arbeitsministerium einer gerichtlichen Nachprüfung unterliegen müsse[173]. Zudem habe auch die Einführung des APA das „law of standing" in erheblichem Umfange beeinflußt und bringe insbesondere die Neigung des Gesetzgebers zum Ausdruck, die gerichtliche Nachprüfung von Akten der Exekutive zu begünstigen.

Das Gericht bringt in „Scanwell" zum Ausdruck, daß es von den bisherigen Voraussetzungen für die Klagebefugnis, insbesondere von den „legal right"- und „specific statutory language"-Erfordernissen[174] abgehen möchte und nun grundsätzlich der Meinung ist, daß die von den meisten Einzelstaaten schon lange befolgte „aggrieved in fact"-Doktrin mit dem APA kodifiziert wurde[175]:

---

[169] 424 F.2d 859 (D.C. Cir. 1970).
[170] Insbes. Ballerina Pen Company v. Kunzig, No. 22,799 (D.C. Cir., April 24, 1970); Blackhawk Heating and Plumbing Co. v. Driver, No. 22, 956 (D.C. Cir., May 19, 1970); Schoonmaker Co. v. Resor, No. 1760—70 (D.C.D.C., Sept. 24, 1970).
[171] 41 U.S.C. § 43 (a) (1964).
[172] 41 U.S.C. § 35—45 (1964).
[173] Wahrscheilich hat es sich das Gericht mit dieser Argumentation zu einfach gemacht. Man kann kaum mit guten Gründen davon ausgehen, daß die „Perkins"-Entscheidung als Ganzes von dem Fulbright Amendment betroffen wurde. Obwohl bedeutende Kenner der Materie, wie *Davis* (Administrative Law Treatise, Bd. I, St. Paul 1958, S. 220) und *Miller* (Administrative Discretion in the Award of Federal Contracts, 53 Michigan L.Rev. S. 782, insbes. 804 [1955]) ebenfalls der Ansicht sind, daß „Perkins was legislatively overruled", muß man sehen, daß das „Fulbright Amendment" nur „standing" für eine Klage gegen die Festsetzung der Mindestlöhne und vielleicht auch ähnlicher Fälle ermöglicht. Keineswegs aber hat die „Fulbright-Novelle" das „legal right" Erfordernis, wie es in Perkins zu finden ist, als ganzes beseitigt. Vgl. *Pierson*, aaO., S. 13; diese Argumentation findet sich auch in der „Petition for Rehearing" (Gesuch um Neuentscheidung in der gleichen Instanz) des „Justice Department" No. 22, 863, März 1970 (das Gesuch wurde abgewiesen).
[174] Letzteres bedeutet ein Spezialgesetz, das Vorschriften über die Klagebefugnis enthält.
[175] 424 F.2d 5.872: „in spite of the fact that the Supreme Court has not yet chosen to hold that the Administrative Procedure Act applies to all situations

4. Teil: Schutz gegen Willkür

(1) Das „legal right"-Erfordernis, als Voraussetzung der Klagebefugnis, wurde als Zirkelschluß entlarvt und daher fallen gelassen. Der Zirkelschluß ist folgender: Ein Kläger, der gegen einen Akt der Exekutive vorgehen möchte, hat nur dann die Klagebefugnis, wenn ein „legal right" verletzt wurde. Was ist ein ihm zustehendes „legal right"? Antwort: Ein Recht, das vor den Gerichten durchgesetzt werden kann, was ohne Klagebefugnis nicht möglich ist. Eine „legal right" setzt somit „standing" voraus, und „standing" hat der Kläger nur dann, wenn er nachweisen kann, daß sein „legal right" verletzt wurde[176].

(2) Weiterhin stellte das Gericht in „Scanwell" fest, daß die Klagebefugnis nicht von dem Vorhandensein eines Spezialgesetzes abhängt („specific statutory language"). Vielmehr soll jeder prospektive Auftragnehmer, der „prima facie" durch eine willkürliche Entscheidung der Beschaffungsspezialisten beschwert ist, die Klagebefugnis haben[177].

c) Entscheidungen, die auf „Scanwell" aufbauen

Es gibt eine Reihe weiterer Entscheidungen zur Frage der Klagebefugnis prospektiver Auftragnehmer von Staatsaufträgen, die im wesentlichen auf „Scanwell" aufbauen:

(1) Der Ausbau der „injury in fact" Lehre, d. h. der vereinfachten Voraussetzung für die Klagebefugnis, wie sie die Gerichte der Einzelstaaten kennen, wurde für den „U.S. Court of Appeals" von Washington D.C., der den „Scanwell"-Fall zu entscheiden hatte, für die nachfolgenden Entscheidungen zur Klagebefugnis[178] dadurch vereinfacht, daß der U.S. Supreme Court in zwei, unmittelbar nach Scanwell entschiedenen Fällen, die „Scanwell"-Entscheidung in einigen Punkten indirekt bestätigt hat: In Association of Data Processing Service Organisation Inc. v. Camp[179] und in Barlow v. Collins[180] entschied der Supreme Court, daß die Frage der Klagebefugnis von dem grundsätzlichen verfassungsrechtlichen Erfordernis her gesehen werden muß, daß Bundesgerichte nur im Falle eines echten Streitfalles („case and controversy") entscheiden dürfen[181].

---

in which a party who is in fact aggrieved (!) seeks review, regardless of lack of legal right (!) or specific statuory language (!) it is cleary the intent of the Act (APA) that this should be the case."

[176] In der Literatur wurde dieser Zirkelschluß schon früher gesehen, vgl. *Davis*, Administrative Law, Treatise, Bd. I, St. Paul 1958, S. 217. Damit wurde jedoch nicht der Grundsatz aufgegeben, daß kein prospektiver Auftragnehmer ein Recht auf einen Staatsauftrag hat. Zur Fragwürdigkeit der Unterscheidung von „privilege" und „right", vgl. *Davis*, Cases, S. 147 ff.; ferner *Van Alstyne*, William, The Demise of the Right-Privilege Distinction in Constitutional Law, 81 Harvard L.Rev. 1439 (1967).

[177] Vgl. 424 F.2d S. 869: "contracting officers ... may not base decisions on arbitrary or capricious abuses of discretion ... and our holding is that one who makes a prima facie showing alleging such action ... has standing."

[178] Vgl. die in Fn. 170 in diesem Teil aufgeführten Fälle.

[179] 397 U.S. 150 (1970).

[180] 397 U.S. 159 (1970).

[181] Dabei berief sich der Supreme Court auf seine Entscheidung im Falle Flast v. Cohen, 392 U.S. 83 (1968).

III. Schutz durch die Bundesgerichte

Zunächst sei zu prüfen, ob der Antragsteller tatsächlich einen Nachteil erlitten habe („the party must show an injury in fact"), und dann müsse dargetan werden daß das verletzte Interesse der Partei auch tatsächlich durch das Gesetz, dessen Verletzung geltend gemacht wird, geschützt wird[182].

(2) Im nächsten großen Fall nach Scanwell auf dem Gebiet der Klagebefugnis, Ballerina Pen Company v. Kunzig[183], klagte ein Schreibwarenhersteller gegen die Entscheidung des Administrator der „General Service Administration", derzufolge bestimmte Schreibwaren nur noch von solchen Betrieben beschafft werden sollen, welche eine bestimmte Anzahl von Blinden beschäftigt. Der Kläger beschäftigte keine Blinden und konnte deswegen keine erfolgversprechenden Angebote machen. Der „Court of Appeals" entschied, daß der Kläger die Klagebefugnis habe und verwies den Fall zurück an das erstinstanzliche Bundesgericht zur Entscheidung über die Begründetheit der Klage („decision on the merits"). Im Anschluß an „Data Processing"[184], „Barlow"[185] und „Scanwell" stellte der „Court of Appeals" drei Voraussetzungen für die Klagebefugnis einer Partei auf, die das Vergabeverfahren eines Staatsauftrages angreifen will:

(a) Der Kläger muß dartun, daß er einen tatsächlichen Nachteil erlitten hat.

(b) Der Kläger muß ferner prima facie nachweisen, daß die Behörde gesetzwidrig oder willkürlich gehandelt oder ihre Kompetenzen überschritten hat und auf diese Weise in eine derjenigen Rechtspositionen des Klägers eingegriffen hat, die von einem „statute" geschützt werden („zone of interest")[186].

(c) Es muß feststehen, daß keine gesetzlichen Vorschriften bestehen („legislative intent"), welche die gerichtliche Nachprüfung ausschalten[187].

(3) In Blackhawk Heating & Plumbing Co. v. Driver[188], wo es um die Rechtmäßigkeit einer „determination of responsibility" ging, wurde dieser Test für die Klagebefugnis zwar grundsätzlich bekräftigt, jedoch tatsächlich nicht beachtet. In diesem Falle entschied die „Veterans Administration" in Anwendung ihrer eigenen Beschaffungsverordnung und der

---

[182] 397 U.S., S. 153; vgl. Fn. 186 in diesem Teil.
[183] No. 22,799 (D.C. Cir. April 24, 1970). Bedeutsam ist, daß es sich in diesem Fall nicht um eine konkrete Beschaffung, sondern wie in „Perkins" um die Klage eines „potentiellen prospektiven Auftragnehmers" handelt, vgl. Fn. 153 in diesem Teil.
[184] Siehe Fn. 179 in diesem Teil.
[185] Siehe Fn. 180 in diesem Teil.
[186] No. 22,799 (D.C. Cir. Apr. 24, 1970), S. 7: "within the *zone of interest* (!) to be protected or regulated by the statute." Das bedeutet keinen Rückfall in die Lehre von dem „specific statutory language" — Erfordernis für die Klagebefugnis, denn das Gericht sagte nicht, daß ein spezielles „statute" bestehen muß, das Vorschriften über die Klagebefugnis enthält. Doch muß die angeblich verletzte Rechtsposition im Schutzkreis eines Gesetzes (z. B. einer beschaffungsrechtlichen Vorschrift) liegen (ohne daß es sich dabei ausdrücklich um ein „legal right" handeln müßte).
[187] Dazu vgl. 5 U.S.C. § 701 (a).
[188] No. 22,956 (D.C. Cir. May 19, 1970).

„Federal Procurement Regulation", welche den „Federal Property and Administrative Services Act"[189] von 1929 ergänzt, daß Blackhawk zwar das günstigste Angebot („bid") abgegeben habe, daß er aber nicht „responsible"[190] sei. Das Berufungsgericht war der Ansicht, daß „Blackhawk" die Klagebefugnis habe. Das Gericht prüfte jedoch nicht ausdrücklich, ob in eine Rechtsposition eingegriffen wurde, die von einem „statute" geschützt wird („zone of interest test"). Das Gericht zögerte, in eine Erörterung des Unterschiedes zwischen dem „legal interest" bzw. einem „legal right", das durch das betreffende „statute" gewährt wird. und der „zone of interests", die durch das „statute" geschützt werden soll, einzutreten. Das ist verständlich, denn letztlich hat „Ballerina" mit dem „zone of interest test" die früheren komplizierten Voraussetzungen für die Klagebefugnis lediglich durch neue komplizierte Erfordernisse ersetzt, anstatt auf dem Weg der Vereinfachung fortzufahren, den „Scanwell" und vor allem die „Concurring opinion" von Justice Brennan und Justice White im „Data Processing"-Fall gewiesen haben[191]. Beide Richter wiesen den „zone of interest test" von sich. Folgt man ihrer Begründung, so muß die Prüfung einer Klage zum Schutz gegen willkürliche Akte der Exekutive im wesentlichen in drei Stationen unterteilt werden: nämlich „standing", „reviewability" und „the merits". Unter dem Stichwort „standing" soll lediglich geprüft werden, ob der Kläger prima facie beschwert, „aggrieved in fact", ist. Bei der Frage der „reviewability" ist, entsprechend den Vorschriften des APA, nachzuprüfen[192], ob ein besonderer Fall vorliegt, in dem die einschlägigen Gesetze die gerichtliche Nachprüfung ausschließen, oder aber die fragliche Entscheidung ganz in das Ermessen der Behörde gestellt ist, wobei allerdings noch zu prüfen wäre, ob nicht ein Ermessensmißbrauch vorliegt[193]. Alle übrigen Fragen wären im Zusammenhang mit der Prüfung der Begründetheit der Klage („the merits") zu prüfen.

Noch ist die Frage der Klagebefugnis prospektiver Auftragnehmer weit von einer eindeutigen Lösung entfernt. Immerhin wurde jedoch durch den Versuch des mittelinstanzlichen Bundesgerichtes in Washington D.C. im „Scanwell"-Fall und seinen Nachfolge-Fällen, von der „legal right"-Lehre und dem „specific statutory language"-Erfordernis abzugehen und den Einfluß des APA in der Frage der Klagebefugnis zu vergrößern, eine neue Entwicklung in Gang gesetzt, deren Ausgang allerdings noch ungewiß ist, denn noch ist der U.S. Supreme Court nicht ausdrücklich von seiner Entscheidung im Falle Perkins v. Lukens Steel Co.[194] abgegangen, die bislang prospektiven Auftragnehmern von Staats-

---

[189] Vgl. oben im Dritten Teil, II, 1.
[190] Vgl. oben im Dritten Teil, III, 1, b.
[191] 397 U.S.C. S. 173 ff.
[192] 5 U.S.C. § 701 (a).
[193] 5 U.S.C. § 706 (2) (B).
[194] Vgl. oben in diesem Teil, III, 1. b. Die „Scanwell"-Entscheidung darf nicht überschätzt und zu sehr verallgemeinert werden. Man muß vor Augen haben, daß sie an einer besonderen Fallgestaltung orientiert und auf einen konkreten Fall von Verwaltungswillkür hin ergangen ist.

aufträgen den Zugang zu den Gerichten verstellt hat. Bemerkenswert ist auch, daß nun zugleich mit der Tendenz der unteren Bundesgerichte, von der „legal right"-Doktrin abzugehen, die alte Lehre vom „*private attorney general*" zu neuen Ehren gebracht wurde; und zwar wohl deswegen, weil diese Lehre es zu ermöglichen scheint, die Klagen prospektiver Auftragnehmer gegen Willkür im Verfahren der Vergabe von Staatsaufträgen als sogenannte „public actions" zu begreifen.

*d) Die Lehre vom „private attorney general":
die Interessenverdoppelung des prospektiven Auftragnehmers*

Obwohl die „Scanwell"-Entscheidung die „legal right"-Doktrin aufgibt und sich der „injured in fact"-Lehre der Einzelstaaten nähert, hat das Gericht die Klagebefugnis des Klägers Scanwell nicht lediglich damit begründet, daß er im Sinne einer „private action"[195] ein erhebliches eigenes Interesse geltend machte.

Das Gericht sah Scanwell's Klage als „public action" an, d. h. als eine Klage, an welcher der Kläger zwar ein gewisses eigenes Interesse hat, welches aber doch nicht so bedeutend ist, daß es ihn aus der Menge der ebenfalls grundsätzlich an der Klage Interessierten herausheben würde[196]. Im Gegensatz zu „Perkins" und zum „Heyer Products"-Fall[197] ging das entscheidende Gericht in „Scanwell" jedoch nicht davon aus, daß die beschaffungsrechtlichen Vorschriften lediglich im Interesse des Staates („Government")[198] bzw. der Allgemeinheit („the public")[199] geschrieben worden seien, und der prospektive Auftragnehmer sich deswegen, selbst im Falle einer offensichtlich rechtswidrigen Entscheidung durch die beschaffende Behörde, nicht auf sie berufen könne. Vielmehr war der „Court of Appeals" der Überzeugung, daß Scanwell mit seiner Klage ein doppeltes Interesse wahrnehme. Einerseits habe er zwar im eigenen Interesse als enttäuschter prospektiver Auftragnehmer auf eine Einstweilige Verfügung und Aufhebung[200] der Auftragsvergabe geklagt, da seiner Ansicht nach die Bundesbehörde für Luftfahrt mit der Vergabe des Auftrages an „Airborne Instruments" gegen die einschlägigen beschaffungsrechtlichen Vorschriften verstoßen hatte. Zum anderen habe Scanwell mit dieser Klage aber auch das „öffentliche Interesse"

---

[195] Dazu vgl. oben in diesem Teil Fn. 124.
[196] Dazu vgl. oben in diesem Teil, 1, (1).
[197] Vgl. Fn. 160 in diesem Teil.
[198] So in „Perkins", 310 U.S. 113, insbes. 127 (1940).
[199] So in „Heyer Products", 140 F. Supp. 409, insbes. 412 (Ct.Cl. 1956).
[200] Vgl. die Vorschriften im APA. 5 U.S.C. § 706: ... the reviewing court shall ... hold unlawful and set aside agency action ... found to be arbitrary, capricious, an abuse of discretion, or otherwise not in accordance with the law.

("public interest") an der Rechtmäßigkeit und Integrität des Beschaffungsverfahrens wahrgenommen[201]. Mit dieser konstruierten Verdoppelung der Interessen des prospektiven Auftragnehmers griff das Gericht auf eine ältere Doktrin zurück: auf die Lehre vom „private attorney general".

Diese Lehre ist in Judge Frank's „opinion" im Falle Associated Industries v. Ickes[202] gut dargestellt. Sie setzt jedoch Grundkenntnisse der Entwicklung der Doktrin vom „private attorney general" im englischen Recht voraus.

Die „public actions", d. h. die Klagen im allgemeinen Interesse, insbesondere im Interesse der Krone, scheinen im englischen Recht zur Zeit Lord Cokes, d. h. im siebzehnten Jahrhundert, entstanden zu sein. Sie wurden mittels der sogenannten „prerogative writs" für Verwaltungssachen, d. h. insbesondere „certiorari", „mandamus" und „habeas corpus" vor das Gericht gebracht[203]. Da die Verwaltung Englands im siebzehnten Jahrhundert noch sehr locker organisiert war, bot diese Klage eines Einzelnen im Interesse der Krone eine willkommene Möglichkeit, ein gewisses Maß an Einheitlichkeit in der Verwaltungspraxis staatlicher Stellen unterhalb der Zentralregierung zu gewährleisten. Die „prerogative writs" wurden als „public actions" verstanden, die das Interesse des Königs daran manifestierten, daß keiner seiner Vertreter seine Kompetenzen überschritt. Gewöhnlich wurde zwar verlangt, daß der Einzelne, der einen „prerogative writ" beim Gericht beantragte, auch ein besonderes eigenes Interesse an der Entscheidung der speziellen Angelegenheit hatte, doch konnte dieses Interesse weniger als ein verletztes „right" sein[204]. Nach der englischen Tradition lag es meistens im Ermessen des Gerichtes, ob es einer „public action" eines Unbeteiligten stattgeben wollte oder nicht. Nach den Reformmaßnahmen des Jahres 1835 wurde der englische „Attorney General" für die Erhebung von „public actions" zuständig, er erhielt auch das Recht, „Private" zu ermächtigen, solche Klagen in seinem Namen zu erheben[205].

---

[201] 424 F.2d 859, insbes. 864 (1970): "... the essential thrust of appellant's claim on the merits is to satisfy the public interest in having agencies follow the regulations which control government contracting. The public interest in preventing the granting of contracts through arbitrary or capricious action can properly be vindicated through a suit brought by one who suffers injury as a result of the illegal activity, but the suit itself is brought in the public interest by one acting essentially as a „private attorney general" ... When Congress has laid down guidelines to be followed in carrying out its mandate in a specific area, there should be some procedure whereby those who are injured by the arbitrary or capricious action of a governmental agency or official in ignoring those procedures can indicate their very real interest, while at the same time futhering the public interest. These are the people who will really have the incentive to bring suit against illegal government action, and they are precisely the plaintiffs to insure a genuine adversary case or controversy."

[202] 134 F.2d 694 (2d circuit), dismissed as moot 320 U.S. 707 (1943).

[203] Vgl. *Riegert*, aaO., S. 120; ferner *Henrich*, aaO., S. 19.

[204] *Jaffee* and *Nathanson*, Administrative Law, Cases and Materials, 2. Aufl. Boston, Toronto 1961, S. 834.

[205] *Jaffee*, Standing to Secure Judicial Review: Public Actions, 74 Harv. L.Rev. 126 (1961), insbes. 1269 ff.

III. Schutz durch die Bundesgerichte 95

In Judge's Frank Überlegungen im Falle Associated Industries v. Ickes[206] nimmt der amerikanische Kongreß die Stellung des englischen Königs ein. Ausgangspunkt der Überlegung ist Art. 3 der Verfassung der Vereinigten Staaten, der es den Bundesgerichten untersagt, in anderen als wirklich streitigen Fällen (in „cases and controversies") zu entscheiden: Obwohl die Verfassung es verbiete, daß der Kongreß irgendeine Person beauftragt, mit einer Klage vor Gericht zu gehen, ohne daß ein wirklicher Streitfall vorliegt, so könne der Kongreß doch in besonderen Fällen einen Vertreter des Staates, z. B. den „Attorney General"[207] damit beauftragen, vor einem Gericht gegen die Kompetenzüberschreitung eines anderen Vertreters des Staates zu klagen. Da der Staat, bzw. die Allgemeinheit ein Interesse an der Rechtmäßigkeit des Verwaltungsverfahrens habe, bestehe eine wirkliche „controversy", und daher könne der „Attorney General" mit der Befugnis ausgestattet werden, das Interesse der Allgemeinheit oder der Regierung wahrzunehmen („to vindicate the interest of the public or the government"). Anstatt diese Befugnis aber einem „public officer" zu übertragen, könne diese Befugnis auch einem Privaten übertragen werden. Solche Personen seien *„private attorney generals"*[208].

Obwohl Judge Frank's „opinion" etwas gekünstelt zu sein scheint, hat sich „Scanwell" seine Überlegungen zu eigen gemacht und sie ausführlich zitiert[209]. Daneben berief sich das Gericht auf den Fall National Coal Ass'n v. FPC[210], der sich wiederum auf den „Ickes"-Fall stützt. Auch die Entscheidungen, die unmittelbar auf Scanwell aufbauen, berufen sich auf die Doktrin der „private attorney generals".

Die nächste größere Entscheidung nach „Scanwell" zur Frage der Klagebefugnis ist der bereits besprochene Fall Ballerina Pen Co. v. Kunzig[211]. Auch in diesem Fall ging das Gericht davon aus, daß dem Kläger lediglich die Funktion eines „Katalysators" zukomme, der die im „öffentlichen Interesse" liegende Nachprüfung willkürlicher Akte staatlicher Stellen durch die Gerichte herbeiführe[212]. Dabei sei der Private, der das „öffentliche Interesse" als „private attorney general" vertrete, natürlich meistens auch in irgendeiner Form verletzt und habe somit auch ein eigenes Interesse. Ebenso wird auch in Blackhawk Heating & Plumbing Co. v. Driver[213] und den anderen neueren Entscheidun-

---

[206] 134 F.2d 694 (2d Cir., 1943), in diesem Falle versuchte eine Vereinigung von Kohlenkonsumenten eine Entscheidung anzugreifen, die den Minimumpreis für Kohle erhöhte.
[207] Der amerikanische „Attorney General" ist sowohl der höchste Staatsanwalt des Bundes als auch eine Art Justizminister.
[208] 134 F.2d 694, insbes. S. 704.
[209] 424 F.2d 859 (1970) S 864.
[210] 191 F.2d 462 (1951).
[211] No. 22.799 (D.C. Cir. April 24, 1970), vgl. Fn. 312.
[212] No. 22.799 (D.C. Cir. April 24, 1970), S. 9: "While logic tells us that such review is necessary, experience must tell us who may serve as the catalyst (!) to initiate judicial review."
[213] No. 22.799 (D.C. Cir. April 24, 1970), S. 10.

gen[214] zur Klagebefugnis prospektiver Auftragnehmer von Staatsaufträgen auf die Erörterungen in „Scanwell" zum „private attorney general who vindicates the public interest" Bezug genommen.

Im Grunde genommen hätte die „Scanwell"-Entscheidung auch ohne Erwähnung der Lehre vom „private attorney general" zu den gleichen Ergebnissen kommen können. Man gewinnt den Eindruck, daß die Überlegungen zu dieser Lehre gar nicht in die Begründungskette der Entscheidung eingefügt, sondern als zusätzliche Rechtfertigung gedacht sind. Die Konstruktion des „private attorney general" hat vor allem deswegen den Anschein des Überflüssigen, weil dem Kläger — sei er nun „private attorney general" oder nicht — nur dann die Klagebefugnis zusteht, wenn er einen ernsthaften Nachteil erlitten hat und seine eigenen Interessen auf dem Spiele stehen[215]. Auf der anderen Seite würde ein Privater, dem es lediglich um „good government", d. h. z. B. um das generelle Interesse an einem willkürfreien Verwaltungsverfahren geht, keine Klagebefugnis haben. Die Theorie vom „private attorney general" entpuppt sich als Fiktion, zumal das Gericht einräumt, daß es Scanwell weniger um das „öffentliche Interesse" als um seine Profite ging, die ihm seiner Ansicht nach zugeflossen wären, wenn die Beschaffungsverordnungen beachtet worden wären[216]. In der Tat ist es auch das eigene wirtschaftliche Interesse des Klägers und nicht das sogenannte „öffentliche Interesse", das dem Bundesgericht die Überzeugung gab, daß es sich um „cases or controversies" handelte, und es daher entscheiden durfte[217].

Vorsicht ist auch deswegen geboten, weil von der idealen Figur des „private attorney general", des Streiters für das „öffentliche Interesse", eine gewisse Faszination ausgeht, welche die nachteiligen Folgen, die mit der Klagebefugnis enttäuschter prospektiver Auftragnehmer verbunden sein können, nicht voll ins Blickfeld kommen läßt. Es dürfte in vielen Fällen zweifelhaft sein, ob die — durch Klagen enttäuschter prospektiver Auftragnehmer möglicherweise verursachten — Aufhebungen oder Verzögerungen wichtiger Beschaffungen und die damit verursachten Kosten und sonstigen Einbußen im öffentlichen Interesse, d. h. konkret im Interesse des Steuerzahlers an einer ökonomischen Ausgabe der für Beschaffungen bereitgestellten Mittel liegen. Man kann sich das Chaos vorstellen, das entstehen würde, wenn z. B. in der dritten

---

[214] Environmental Defense Fund, Inc. v. Hardin, 428 F.2d 1083; KECO Industries Inc. v. U.S. 428 F.2d 1233 (Ct.Cl.) 1970; Schoonmaker Co. v. Resor, No. 1760—70 (D.C.D.C., Sept. 24, 1970); Simpson Elec. Co., v. Seamans, 317 F. Supp. 684 (D.C.D.C. 1970).

[215] 424 F.2d S. 872.

[216] 424 F.2d S. 866 ff.

[217] 424 F.2d S. 864; auch *Pierson*, aaO., S. 14.

III. Schutz durch die Bundesgerichte 97

Phase des „Phased Project Planning"[218] der FE-Zyklus durch eine „Einstweilige Verfügung" („injunction") unterbrochen würde, weil etwa ein enttäuschter prospektiver Auftragnehmer geltend macht, daß gegen beschaffungsrechtliche Vorschriften verstoßen wurde, oder daß die Beschaffungsspezialisten bzw. der Bewertungsausschuß, ihr Ermessen willkürlich mißbraucht hätten. Gerade im FE-Zyklus, wo alles auf die Einhaltung der Zeitpläne ankommt, damit die Integration der einzelnen Subsysteme nicht gefährdet wird, sind Verzögerungen keine annehmbare Alternative. Sie vernichten in der Regel das Projekt. Weiterhin dürfen auch die Interessen des Auftragnehmers nicht außer acht gelassen werden. Er hat auf die Vergabeentscheidung vertraut und mit den FE-Arbeiten begonnen. Wer ersetzt den Schaden, der ihm entsteht, wenn die Auftragsvergabe nachträglich aufgehoben wird[219]?

Bislang haben die Bundesgerichte — soweit ersichtlich — noch keine Möglichkeit gehabt, über einen Fall der Beschaffung durch „Negotiation" zu entscheiden. Es ist jedoch wahrscheinlich, daß sie kaum den FE-Zyklus durch „Einstweilige Verfügungen" unterbrechen werden[220]. Die eigentliche Frage, welche die Gerichte zu beantworten haben, muß lauten: Ist das „Öffentliche Interesse" daran, daß die Summen, die jährlich im Rahmen von Beschaffungsvorgängen der amerikanischen Industrie zufließen, sowohl in ökonomischer Weise als auch in Übereinstimmung mit beschaffungsrechtlichen Grundsätzen in einem willkürfreien Verfahren ausgegeben werden, am besten dadurch gewährleistet, daß man enttäuschten prospektiven Auftragnehmern den Weg zu den Gerichten öffnet? „Perkins" hat die Frage negativ beantwortet. „Scanwell" hat sie bejaht.

2. Umfang und Grenzen des durch die Bundesgerichte gewährten Schutzes

Mit der Klagebefugnis hat der in einer „Öffentlichen Ausschreibung" willkürlich behandelte prospektive Auftragnehmer noch nicht viel gewonnen, wenn seiner Klage nicht auch abgeholfen wird. Es ist daher — wieder an Hand des „Scanwell"-Falles — zu prüfen, welche Klagearten dem prospektiven Auftragnehmer zur Verfügung stehen, und wie die Erfolgsaussichten bei den verschiedenen Klagearten sind. Doch erschöpft die Beantwortung dieser Frage noch nicht das Thema der

---

[218] Vgl. oben im Dritten Abschnitt, IV.
[219] Diese Frage führt unter anderem zur Problematik der Staatshaftung im amerikanischen Recht. Dazu vgl. *Davis*, Cases, S. 483 ff.; *Gellhorn*, aaO., S. 360 ff., mit weiteren Nachweisen.
[220] Vgl. insbes. die Überlegungen in Lind v. Staats, Fn. 149 in diesem Teil.

Arbeit. Gerade weil die Entscheidungen, die im Zusammenhang mit dem „Scanwell"-Fall erörtert wurden, nur Beschaffungen durch „Öffentliche Ausschreibung" betreffen, stellt sich auch die Frage, wie die Erfolgsaussichten einer Klage sind, die sich gegen einen willkürlichen Akt der Beschaffungsstelle im Rahmen einer „Freihändigen Vergabe", z. B. eines FE-Auftrages für die Raumforschung wendet.

a) Klagearten und ihre Erfolgsaussicht, untersucht an Hand von „Scanwell"

In „Scanwell" lag dem Kläger vor allem an einer „Einstweiligen Verfügung" („injunction"), um zunächst einmal das Fortschreiten der Arbeiten des Konkurrenten „Airborne" an den Navigationsinstrumenten zu verhindern, und dann die Aufhebung der Auftragsvergabe durch Urteil herbeizuführen[221]. Das erstinstanzliche Gericht gewährte schon deswegen keine „injunction"[222], weil es davon ausging, daß Scanwell keine Klagebefugnis hatte. Das Berufungsverfahren vor dem „Court of Appeals" dauerte dann so lange, daß Airborne den Auftrag erfüllen konnte, bevor der Fall an den District Court zurückverwiesen wurde.

(1) Damit bleiben „Scanwell" zwei Klagemöglichkeiten: Er kann einmal ein „declaratory judgement"[223] beantragen, d. h. eine Art Feststellungsklage, daß die Auftragsvergabe nichtig war („to declare null and void") und dann auf sogenannte „anticipatory profits" klagen[224]. Diese Klage hat aber mit größter Wahrscheinlichkeit keinen Erfolg; denn selbst wenn die Auftragsvergabe für „null and void" erklärt wird, ist es immer noch nicht sicher, daß die Beschaffungsstelle dann gerade an Scanwell den Auftrag vergeben würde, denn es steht ihr frei, den Auftrag unter Umständen überhaupt nicht zu vergeben und neu auszuschreiben[225].

---

[221] 5 U.S.C. § 706 (2) (A) bestimmt: "The reviewing Court shall hold unlawful and set aside agency action ... found to be arbitrary, capricious, an abuse of discretion, or otherwise not in accordance with the law." Zur Frage der „reviewability" allgemein, vgl. *Saferstein*, aaO.

[222] Da es sich bei der „injunction" um einen „prohibitive writ" handelt, der früher nur von einem „Equity Court" gewährt werden konnte, wenn keine Klage „at law" zur Verfügung stand, müßte der Kläger zumindest behaupten, daß ihm ein nicht wiedergutzumachender Schaden drohe und daß er hiergegen keine ausreichenden Rechtsmittel „at law" habe. Bei Verfahren, in denen der Kläger den gerichtlichen Schutz gegen Akte der Exekutive sucht, wird auf den Beweis dieser Behauptungen jedoch nicht immer bestanden, vgl. *Jaffee* und *Nathanson*, aaO., S. 796 ff.

[223] Vgl. Great Lakes Dredge & Dock Co. v. Hoffmann, 319 U.S. 293.

[224] Das ist eine Klage, die auf eine Art „Erfüllungsinteresse" geht. Dazu *Pierson*, aaO., S. 44; ferner *Dembling*, Effect of Scanwell Decision on Government Contracting, Vortrag vor dem Government Contracts Committee of the American Bar Association, Washington D.C. 1970, S. 7.

[225] Vgl. NASA PR 2,404 - 3. Dies ist ein allgemeiner Grundsatz des Beschaffungsrechts, der sich in allen „procurement regulations" findet.

III. Schutz durch die Bundesgerichte

Daher kann Scanwell keinen Schadensersatz im Sinne eines Erfüllungsinteresses erhalten.

(2) Es bleibt noch die Möglichkeit, auf Ersatz der Aufwendungen für die Herstellung des „bid" zu klagen. Diese Klage hat eine gewisse Aussicht auf Erfolg, vor allem dann, wenn sich der enttäuschte prospektive Anbieter an den Court of Claims wendet, da dieser schon wiederholt einem willkürlich behandelten Anbieter den Ersatz der Aufwendungen für das Angebot zugesprochen hat[226].

Dies sind im wesentlichen die Klagen, die dem erfolglosen Anbieter, der geltend macht, daß er im Verfahren der Öffentlichen Ausschreibung willkürlich behandelt wurde, zur Verfügung stehen. Zwar ist damit zu rechnen, daß die Gerichte, mit Hinblick auf „Scanwell" und seine Nachfolge-Entscheidungen, in Zukunft weniger Zeit auf die Frage der Klagebefugnis verwenden und daß deswegen weniger Kläger gezwungen sind, allein wegen der „standing"-Frage in Berufung zu gehen. Doch bedeutet das nicht, daß sich die Erfolgsaussichten der Klagen enttäuschter Anbieter wesentlich verbessern werden.

b) Der Umfang des gerichtlichen Schutzes für prospektive Auftragnehmer von Forschungs- und Entwicklungsaufträgen

Da die Bundesgerichte noch keinen Fall entschieden haben, in dem ein prospektiver Auftragnehmer eines FE-Auftrages, z. B. für Waffen- oder Raumfahrtsysteme, gegen eine angeblich willkürliche Entscheidung im Bewertungs- oder Vergabeverfahren geklagt hat, können hier — ausgehend von der augenblicklichen Rechtslage — nur Vermutungen darüber angestellt werden, wie die Gerichte in solchen Fällen entscheiden würden:

(1) Auszugehen ist von der Feststellung, daß die Bundesgerichte grundsätzlich nur solche Akte der Verwaltung nachprüfen, die nicht im Ermessen der Verwaltung liegen („committed to *agency discretion*")[227]. Gerade bei der Vergabe von FE-Aufträgen im Rahmen des Verfahrens der „Freihändigen Vergabe unter Wettbewerbsbedingungen mit Bewertungsausschüssen" („Source Evaluation Board Procedure"), haben die Bewertungsausschüsse der NASA, etwa bei der Festlegung des Wettbewerbsbereiches („competitive range") und die Administratoren, bei der eigentlichen Vergabe des FE-Auftrages weite Ermessensspielräume, innerhalb derer die Gerichte nicht ihre eigene Beurteilung an die Stelle der Ermessensentscheidung der Vergabestelle setzen können.

(2) Obgleich die Bundesgerichte die Akte der Exekutive grundsätzlich auch auf Ermessensmißbrauch nachprüfen können[228], machen sie von dieser Möglichkeit destoweniger Gebrauch, je mehr spezifischen Sachverstand

---

[226] Vgl. Fn. 160 in diesem Teil.
[227] Vgl. 5 U.S.C. § 701 (a) (2); sowie *Saferstein*, aaO.
[228] Vgl. 5 U.S.C. § 706 (2) (A).

4. Teil: Schutz gegen Willkür

— wie etwa im Falle der Vergabe von FE-Aufträgen — diese Prüfung voraussetzt, und je größer die Gefahr ist, daß durch die falsche Beurteilung einer im Ermessen der beklagten Behörde liegenden Entscheidung das „öffentliche Interesse", z. B. an der erfolgreichen Beendigung eines FE-Projektes, gefährdet wird[229]. Wenn die Bundesgerichte aber dennoch die Entscheidung einer Verwaltungsbehörde unter dem Gesichtspunkt des Ermessensmißbrauchs nachprüfen, so beschränken sie diese Prüfung auf Fälle, die so eklatant willkürlich sind, daß „no reasonable man" diese Entscheidung gefällt hätte[230]. Es ist jedoch kaum denkbar, daß — angesichts der vielen „checks and balances" im Verfahren der Vergabe von FE-Aufträgen — ganz grob willkürliche Entscheidungen vorkommen. In organisatorisch hochkomplizierten Verfahren wie dem „Phased Project Planning" wird Willkür subtiler und schwerer erkennbar. Selbst ein „educated reasonable man" ist kaum in der Lage, Willkür festzustellen, weil ihm das umfassende Verständnis für den Gesamtprozeß und seine Auswirkungen fehlt, das ihn erst befähigen würde, willkürliche Entscheidungen im Detail zu erkennen und ihre Auswirkungen für den Betroffenen richtig einzuschätzen.

(3) Einen Hinweis auf eine mögliche künftige Entwicklung der Rechtsprechung der Bundesgerichte zu der Frage des Schutzes prospektiver Auftragnehmer von FE-Aufträgen gegenüber willkürlichen Entscheidungen der beschaffenden Behörde könnten die Entscheidungen des Bundesrechnungshofes über Beschwerden („protests") im Rahmen von Beschaffungen durch Freihändige Vergabe unter Wettbewerbsbedingungen geben[231]. Geht man davon aus, daß sich die Bundesgerichte von den Grundsätzen leiten lassen, die der Bundesrechnungshof entwickelt hat, so wäre die Position des vor einem Gericht klagenden prospektiven Auftragnehmers insofern günstiger als diejenige des Beschwerdeführers vor dem Rechnungshof, als das entscheidende Bundesgericht — im Gegensatz zum Bundesrechnungshof, der sich als Sachwalter der Interessen des Staates versteht — nicht von vornherein für den Staat Partei ergreifen würde, um der Beschwerde nur dann abzuhelfen, wenn feststeht, daß die Interessen des Staates beeinträchtigt („adversely affected") sind; vielmehr würden sich die Bundesgerichte um eine unparteiische Entscheidung bemühen müssen. Andererseits wird sich aber auch ein Bundesgericht — im Hinblick etwa auf die Argumente in Lind v. Staats[232] — kaum dazu entschließen, in den FE-Zyklus einzugreifen und das „Phased Project Planning"-Verfahren durch eine „Einstweilige Verfügung" zu unterbrechen oder gar den Akt der Auftragsvergabe für ein großes FE-Vorhaben aufzuheben („set aside")[233]. Alles, was der im Vergabeverfahren willkürlich behandelte prospektive Auftragnehmer eines FE-Auftrages erwarten kann, ist eine Liberalisierung der Voraussetzungen für „anticipatory damages"[234]. Klagt er darüber hinaus vor dem

---

[229] *Saferstein*, aaO., S. 382 ff. mit Nachweisen.
[230] Vgl. Wong Wing Hang v. Imigration, Naturalization Service, 360 F.2d 715, insbes. 718 (2d Cir. 1966); auch Delno v. Market St. Ry., 124 F.2d 965, 967 (9th Cir. 1942).
[231] Dazu oben in diesem Teil, II, 3.
[232] Vgl. Fn. 149 in diesem Teil.
[233] Vgl. Fn. 222, Fn. 126 in diesem Teil, ferner Fn. 221 in diesem Teil.
[234] Vgl. Fn. 224 in diesem Teil.

IV. Schutz durch den Kongreß 101

Court of Claims, so erhält er unter Umständen die Kosten für die Vorbereitung seines „proposal" ersetzt[235].

IV. Schutz durch bestimmte Ausschüsse des Kongresses

In der politischen Praxis ist der Kongreß kein eindeutig umreißbares Gebilde. Je nach Problemstellung hat er ein anderes Gesicht. Er spricht mit unterschiedlichen Stimmen, hat zwei Parteien, zwei Häuser und sechsunddreißig ständige Ausschüsse („standing committees"). Auch bei der Frage des Schutzes willkürlich behandelter prospektiver Auftragnehmer ist jeweils zu prüfen, bei welchem Teil des Kongresses — d. h. bei welcher Partei, bei welchem Ausschuß, bei welchem individuellen Mitglied — Schutz gegen Willkür der betreffenden Beschaffungsstelle gesucht wird. Diese besondere Problematik führt zu der allgemeineren Frage, inwieweit der Gesetzgeber die Verwaltung, hier insbesondere die NASA, bei der Ausführung ihrer Aufgaben kontrollieren kann[236].

1. Formen der Kontrolle der NASA durch den Kongreß

Zunächst kann der Kongreß das Verhalten der NASA, ihre Kompetenzen und ihre Macht durch entsprechende Gesetzgebung beeinflussen, z. B. die für die NASA geltenden Organisations- und Beschaffungsgesetze ändern[237].

Eine bedeutsamere Kontrolle übt der Kongreß bei der jährlichen Bewilligung des NASA-Budgets aus. Das Budget-Verfahren ist ein langwieriger Prozeß[238], in dem vier verschiedene Auschüsse des Kongresses[239] die Administratoren und leitenden Funktionäre der NASA vorladen und über Pläne und Programme der NASA, vor allem aber über die Verwendung der beantragten Mittel befragen. Bei diesen Anhörungen („hearings") werden Detailfragen erörtert, welche die einzelnen Sena-

---

[235] Vgl. den „Heyer"-Fall und KECO Industries, Fn. 160 in diesem Teil.
[236] Dazu grundsätzlich *Harris*, Congressional Control of Administration, Washington 1964; *Kirst*, Government without Passing Laws, Durham 1969; *Newman* und *Keaton*. Congress and the Faithful Execution of Laws-Should Legislators Supervise Administrators?, 41 California L.Rev. 565 (1954).
[237] Vgl. oben Dritter Teil, II, 1.
[238] Dazu *Wildavsky*, The Politics of the Budgetary Process, Boston 1964; sowie *Harris*, aaO., S. 46 ff. mit weiteren Nachweisen.
[239] Im Falle des NASA Budgets sind dies einmal das „Senate Committee" on Aeronautical and Space Sciences" und das „House Committee on Science and Astronautics" und zum anderen das jeweilige „Appropriations Committee" (Bewilligungsausschuß) des Senats und des Repräsentantenhauses.

toren oder Abgeordneten besonders interessieren. Dabei kann auch über die Beschaffungspolitik der NASA gesprochen und Aufklärung über einzelne Beschaffungsvorgänge verlangt werden. Der Budget-Prozeß untergliedert sich in zwei Abschnitte: In der „authorization" legt die NASA ihren — mit dem „Bureau of the Budget" des Präsidenten der Vereinigten Staaten abgestimmten — Budgetplan dem „Senate Committee on Aeronautical and Space Sciences" und dem „House Committee of Science and Astronautics" vor, worauf diese Ausschüsse eine Höchstsumme festsetzen. Ist der „authorization act" verabschiedet und vom Präsidenten befürwortet, so liegt es wiederum am Kongreß, einen „appropriation act" zu beraten und zu verabschieden, d. h. das NASA-Budget in bestimmter Höhe zu bewilligen. Dabei dient die „authorization" als möglicher Höchstbetrag. Meistens liegen die Bewilligungen durch die „appropriation committees" des Senats und des Kongresses bzw. ihrer Unterausschüsse unterhalb der „authorization".

Das Budgetverfahren ist zwar ein langer und beschwerlicher Prozeß, aber es erlaubt den einschlägigen Ausschüssen, eine wirksame Kontrolle auf die Verwaltung auszuüben. Damit ergibt sich auch die Möglichkeit, rechtswidrige, insbesondere willkürliche Praktiken der Verwaltung einzudämmen. Jedoch bietet der Budget-Prozeß keine Handhaben, dem beschwerten prospektiven Auftragnehmer in einem konkreten Beschaffungsfalle zu helfen.

Von besonderer Bedeutung ist noch das Recht des Kongresses, bestimmte Vorfälle durch den Rechnungshof oder durch Sonderausschüsse nachprüfen zu lassen („power to investigate")[240]. Dabei stellt sich die Frage, inwieweit die Beschaffungsstellen Auskunft über geheime Vorgänge, wie z. B. die Beratungen in den Bewertungsausschüssen vor der Einschränkung des Wettbewerbsbereiches („competitive range") geben müssen, oder inwieweit insoweit ein „executive privilege"[241] besteht, das es den Behörden erlaubt, bestimmte für geheim erklärte Vorgänge auch dem Kongreß gegenüber geheimzuhalten, was allerdings die Wirksamkeit der Untersuchungen durch den Kongreß empfindlich einschränken würde. Die Sonderausschüsse zur Kontrolle der Exekutive verlieren vor allem auch dadurch an Bedeutung, daß sich in vielen Fällen die tatsächlichen Umstände, die Anlaß zur Untersuchung gaben, längst geändert haben, bevor der Sonderausschuß seinen Bericht dem Kongreß vorlegen kann.

Neben diesen „formellen Kontrollen" gibt es noch den informellen Weg der Kontrolle der Exekutive durch persönliche Kontaktaufnahme

---

[240] Dieses Recht ist in der Verfassung nicht vorgesehen. Es ist aber seit der Entscheidung des Supreme Court im Falle McGrain v. Daugherty, 273 U.S. 135 unbestritten.
[241] Vgl. *Nolan*, aaO., S. 34 ff.

einzelner Mitglieder des Kongresses mit Vertretern der Exekutive. Es wurde bereits erwähnt, daß es durchaus denkbar ist, daß ein Senator oder Abgeordneter sich persönlich an den NASA-Administrator wendet, um einen Auftrag in seinem Heimatstaat bzw. Wahlkreis zu plazieren oder durch seinen persönlichen Einfluß einen prospektiven Auftragnehmer gegen Willkür der Beschaffungsstelle zu schützen. Diese Möglichkeit hat wohl auch die NASA PR[242] im Auge, wenn sie bestimmt, daß das Vergabeverfahren für einen Auftrag — falls es sich nicht um eine dringende Beschaffung handelt — so lange aufrechtzuhalten ist, bis sich das Mitglied des Kongresses geäußert hat, an das sich der prospektive Auftragnehmer mit seiner Beschwerde gewendet hat.

2. Der Umfang des Schutzes

Weder durch Gesetzgebung noch durch seine Budgethoheit noch durch besondere Untersuchungen kann der Kongreß dem prospektiven Auftragnehmer helfen, der gegen eine willkürliche Entscheidung im Vergabeverfahren angehen und erreichen will, daß der Auftrag an ihn vergeben wird. Am ehesten noch kann der informelle Weg der sofortigen Kontaktaufnahme zwischen Mitgliedern des Kongresses und der Beschaffungsstelle der Verhinderung oder sogar Rückgängigmachung willkürlicher Akte dienen, weil solche informellen Schutzmaßnahmen Korrekturen am Vergabeverfahren zugunsten des willkürlich behandelten prospektiven Auftragnehmers erlauben, bevor der Staatsauftrag endgültig vergeben ist.

---

[242] NASA PR 2.407 - 8 (b) (3).

Fünfter Teil

Zusammenfassung und Ergebnis

Weder der Bundesrechnungshof noch die Bundesgerichte noch die einschlägigen Ausschüsse des Kongresses vermögen dem prospektiven Auftragnehmer für FE-Aufträge wirksamen Schutz gegen Willkür im Vergabeverfahren zu geben, d. h. insbesondere ihm zu dem willkürlich verweigerten FE-Auftrag verhelfen. Die Schutzmöglichkeiten im Vergabeverfahren selbst reichen nicht aus.

Der Bundesrechnungshof greift in die weiten Ermessensspielräume, die den Vertretern der Raumfahrtbehörde im Verfahren der Vergabe von Staatsaufträgen unter Wettbewerbsbedingungen zustehen, nur dann ein, wenn eine offensichtlich willkürliche Handlung der Beschaffungsstelle bzw. der Bewertungsausschüsse nachweisbar ist. Doch selbst in solchen Fällen offensichtlicher Willkür hilft der Bundesrechnungshof der Beschwerde des prospektiven Auftragnehmers dann nicht ab, wenn — was meistens der Fall ist — der FE-Zyklus im Rahmen des Verfahrens der Planung und Durchführung von Projekten in Phasen bereits begonnen hat.

Obwohl sich in der Rechtsprechung einiger Bundesgerichte eine Entwicklung abzeichnet, die zur Anerkennung der Klagebefugnis willkürlich behandelter prospektiver Auftragnehmer führen kann, werden die Bundesgerichte — sollten sie über einen Fall der Willkür im Verfahren der Vergabe eines großen FE-Auftrages zu entscheiden haben — kaum den FE-Zyklus durch eine Einstweilige Verfügung unterbrechen und die Vergabeentscheidung aufheben. Alles, was der im Vergabeverfahren willkürlich behandelte prospektive Auftragnehmer von den Bundesgerichten erwarten kann, ist eine Vereinfachung der Voraussetzungen für Schadensersatz, etwa in Höhe des Erfüllungsinteresses; unter Umständen wird ihm der Court of Claims die Kosten für die Vorbereitung seines Angebotes zusprechen.

Auch die einschlägigen Ausschüsse des Kongresses können einem prospektiven Auftragnehmer, der im Vergabeverfahren willkürlich behandelt wurde, nicht zu dem begehrten Auftrag verhelfen. Jedoch kann unter Umständen von einzelnen Mitgliedern des Kongresses auf dem informellen Weg die sofortige Rückgängigmachung bestimmter Entscheidungen der Vergabebehörden erreicht werden.

Die an sich wirksamen Schutzmöglichkeiten nach dem Bundesverwaltungsverfahrensgesetz kommen im Verfahren der Vergabe von FE-Aufträgen nicht zur Anwendung. Jedoch enthält die Beschaffungsverordnung der Raumfahrtbehörde bestimmte verfahrensimmanente Schutzmöglichkeiten, die bis zu einem gewissen Grad einen vorbeugenden Schutz gegen willkürliche Handlungen im Vergabeverfahren bewirken. Insbesondere kann man in dem Zusammenspiel von Bewertungsausschüssen und NASA-Administratoren einen verfahrensimmanenten Kontrollmechanismus sehen, der die Möglichkeit zu willkürlichen Entscheidungen im Verfahren der Freihändigen Vergabe großer FE-Aufträge unter Wettbewerbsbedingungen einschränkt. Auch das Recht auf wiederholte schriftliche oder mündliche Gegenvorstellungen der prospektiven Auftragnehmer, die im Wettbewerbsbereich liegen und im Verfahren der stufenweisen Einengung des Kreises der potentiellen Auftragnehmer noch nicht ausgeschlossen worden sind, stellt einen gewissen Schutz gegen Willkür dar.

Im Gegensatz zu der günstigeren Situation der Anbieter im Verfahren der Öffentlichen Ausschreibung sind die Schutzmöglichkeiten gegen Willkür der Beschaffungsstellen im Verfahren der Freihändigen Vergabe großer FE-Aufträge unter Wettbewerbsbedingungen mit Bewertungsausschüssen — setzt man sie in Beziehung zu dem Umstand, daß die Unternehmen der Luft- und Raumfahrtindustrie in ihrem wirtschaftlichen Bestand weitgehend von FE-Aufträgen abhängen — kaum ausreichend. Die Unternehmen der Luft- und Raumfahrtindustrie können den Mangel an Schutzmöglichkeiten im Sinne von Rechtsbehelfen und vorbeugenden Kontrollmechanismen bis zu einem gewissen Grade durch das enge partnerschaftliche Verhältnis, das sie sowohl bei der Planung und Vorbereitung als auch der Ausführung der FE-Projekte mit den einschlägigen Ausschüssen des Kongresses und insbesondere mit der Raumfahrtbehörde verbindet, ausgleichen und versuchen, sich auf informellem Wege gegen Willkür zu schützen. Gerade dieser Umstand aber kann zu einer bedenklich engen Verflechtung der Luft- und Raumfahrtindustrie mit bestimmten staatlichen Stellen führen und den Staat zum Gefangenen industrieller Interessen werden lassen.

Da die Ausschüsse des Kongresses als solche in Einzelfällen kaum Hilfe leisten können und andererseits die Bundesgerichte und der Bundesrechnungshof dem willkürlich behandelten prospektiven Auftragnehmer eines FE-Auftrages nur durch „Einstweilige Verfügung" („injunction" bzw. „stop order") und Aufhebung der Vergabeentscheidung,

5. Teil: Zusammenfassung und Ergebnis

d. h. um den Preis der Vernichtung des FE-Projektes, helfen können, diese Folge aber nicht im „öffentlichen Interesse" an der ökonomischen Ausgabe öffentlicher Mittel liegt und es zudem auch ungewiß ist, ob der willkürlich behandelte prospektive Auftragnehmer in dem möglicherweise folgenden neuen Vergabeverfahren den Auftrag erhält, muß sich die Bemühung, die Situation des prospektiven FE-Auftragnehmers im „Verfahren der Vergabe von Aufträgen durch Freihändige Vergabe unter Wettbewerbsbedingungen mit Bewertungsausschüssen" zu verbessern, auf verfahrensimmanente, vorbeugende Kontrollmechanismen richten, die geeignet sind, willkürliche Handlungen zu verhindern. Die Lösung darf nicht im „trial type hearing", dem meistens langwierigen gerichtsähnlichen Verwaltungsverfahren gesucht werden, da auch dieses den FE-Zyklus unterbrechen und das FE-Projekt in den meisten Fällen zerstören würde.

Die Lösung der Frage des Schutzes gegen Willkür bei der Vergabe von FE-Aufträgen liegt vor allem im Ausbau vorbeugender Kontrollmechanismen im Vergabeverfahren selbst, d. h. im „Pure Administrative Process", im „reinen Verwaltungsverfahren".

Literaturverzeichnis

Administrative Conference of the United States, Committee on Adjudication of Claims: Debarment and Suspension of Persons from Government Contracting and Federally Assisted Construction Work, Washington D.C. 1962

Administrative Conference of the United States, Committee on Rulemaking: Recommendation G — Elimination of Certain Exemptions from the APA Rulemaking Requirements, Washington D.C. 1969

Altmann, Carl-Heinz: Das öffentliche Auftragswesen, Grenzen des fiskalischen Denkens, Stuttgart 1960

Arbeitskreis Management: Empfehlungen zum Management von Großprojekten (ohne Erscheinungsort) 1969

Attorney General's Manual on the Administrative Procedure Act, Washington D.C. 1947

Baldwin, W. L.: Contracted Research and the Case for Big Business, 1962 Journal of Political Economy 294

Barron, Paul: Government Selection of Contractors for Research and Development, 1968 Conference on U.S. Government R & D Contracts, Proceedings Manual, The George Washington University, Washington D.C. 1968

Birnbaum, Owen: Government Contracts: The Role of the Comptroller General, 42 American Bar Association Journal 433 (1956)

— Access to Government Information, Briefing Papers, April 1968

Black's Law Dictionary, 4. Aufl., St. Paul 1968

Bundesministerium für Bildung und Wissenschaft: Weltraumprogramm, 1969—1973, Bonn 1970

Bundesministerium für Bildung und Wissenschaft — Gesellschaft für Weltraumforschung: Richtlinien für die Planung und Durchführung von Projekten in Phasen, Projekt Management Richtlinie PMR 2.007 - 1, Bonn 1970

Bullinger, Martin: Öffentliches Recht und Privatrecht, Studien über Sinn und Funktion der Unterscheidung (Schriftenreihe res publica, Bd. 17), Stuttgart. Berlin, Köln, Mainz 1968

— Vertrag und Verwaltungsakt, Zu den Handlungsformen und Handlungsprinzipien der öffentlichen Verwaltung nach deutschem und englischem Recht (Schriftenreihe res publica, Bd. 9), Stuttgart, Berlin, Köln, Mainz 1962

Byse, Clark und Robert *Riegert:* Das amerikanische Bundesverwaltungsverfahrensgesetz von 1946, in: Staatsbürger und Staatsgewalt, Jubiläumsschrift zum hundertjährigen Bestehen der deutschen Verwaltungsgerichtsbarkeit, herausgegeben von Külz und Neumann, Karlsruhe 1963, Bd. I, S. 405 ff.

Cartellieri, Wolfgang: Die Großforschung und der Staat, Gutachten über die zweckmäßige rechtliche und organisatorische Ausgestaltung der Institutionen für die Großforschung, Teil I, München 1967; Teil II, München 1969

Cavanagh, John: Problems in Contractor Selection, in: Research & Development Contracting, herausgegeben von der George Washington University, Washington D.C. 1963

Cibinic, John: Contract by Regulations, 32 George Washington L.Rev. 111 (1963)

Cibinic, John und Jesse *Lasken:* The Cromptroller General and Government Contracts, 38 George Washington L.Rev. 349 (1970)

Clark, C. W.: Army R & D Expenditures and Industry Planning, 4 Army R & D Newsmagazine 32 (1963)

Cock, Fred: The Warfare State, New York 1962

Cuneo, Gilbert: Armed Services Board of Contract Appeals: Tyrant or Impartial Tribunal? 39 ABA J. 373 (1953)
— Government Contracts Handbook, Washington D.C. 1962

Daub, Walter, Rudolf *Meierrose* und Eberhard *Müller:* Kommentar zur Verdingungsordnung für Leistungen, Düsseldorf 1960

Danhof, Clarence: Government Contracting and Technological Change, Washington D.C. 1968

Davis, Kenneth Culp: Administrative Law, Cases-Text-Problems, 2. Aufl., St. Paul 1965 (zitiert als: Davis, Cases)
— Administrative Law Treatise, Bd. I—IV, St. Paul 1958
— Discretionary Justice, A Preliminary Inquiry, Baton Rouge 1962
— The Requirement of a Trial-Type Hearing, 70 Harvard L.Rev. 193 (1956)
— The Administrative Procedure Act Applies to Boards of Contract Appeals, 1 Public Contract L.J. 4 (1967)
— The Liberalized Law of Standing, 37 Chicago L.Rev. 450 (1970)

Dembling, Paul: Effect of Scanwell Decision on Government Contracting, Government Contracts Committee of the American Bar Association, Washington D.C. 1970

Dickinson, John: Administrative Justice and the Supremacy of the Law, Boston 1927

Doke, Marshall: Contract Formation, Remedies and Special Problems, 2 Public Contract L.J. 14 (1968)

Donnelly, John: The Milkman Rings Twice: Has Paul v. United States Given Federal Procurement Regulations the Force of Statutory Law, 29 Law & Contemporary Problems 347 (1964)

Douglas, Paul: An End to Concealment, The New Republic, April 25, 1970, S. 22

Dülz, Sigurd: Staatliche Einkaufsmethoden in den Vereinigten Staaten (Diss.), Mainz 1958

Dupré, J. Stephan und W. Eric *Gustafson:* Contracting for Defense: Private Firms and the Public Interest, 77 Pol.Sci.Q. 161 (1962)

Duscha, Julius: Arms, Money & Politics, Chicago 1964

Ehmke, Horst: Wirtschaft und Verfassung, Berkeley-Kölner Rechtsstudien, Kölner Reihe Bd. 2, Karlsruhe 1961

Eisenhower, Dwight: Public Papers of the Presidents of the United States, 1960—1961, Washington D.C. 1961

Farnsworth, Allan: An Introduction to the Legal System of the United States, New York 1963

Farmakides, John: Technical Data in Government Contracts, 8 Williams and Mary L.Rev. 573 (1967)

Feldman, Roger: Government Contract Disputes, 73 Yale L.J. (1964)

Flamme, Maurice-André: Traité Theorique et Pratique des Marchés Publics, Bd. 1 u. 2, Brüssel 1969

Forsthoff, Ernst: Der Staat als Auftraggeber (Schriftenreihe res publica, Bd. 12) Stuttgart, Berlin, Köln, Mainz 1963

Franklin, Marc: The Biography of a Legal Dispute, An Introduction to American Civil Procedure, New York 1968

Frenzen, Donald: The Administrative Contract in United States, 37 George Washington L. Rev. 270 (1970)

Fuchs, Ralph: The Administrative Conference of the United States, 15 Administrative L.Rev. 6 (1963)

Fuller, Lon: The Problems of Jurisprudence, Temporary Edition, Brooklyn 1949

Gantt, Paul und Irving *Panzer*: The Government Blacklist: Debarment and Suspension of Bidders on Government Contracts, 25 George Washington L.Rev. 175 (1957)

Gandenberger, Otto: Die Ausschreibung, Organisierte Konkurrenz um öffentliche Aufträge (Diss.), Mainz 1961

Galbraith, John K.: The New Industrial State, London 1967

Gellhorn, Walter: Administrative Law, Case and Comments, 4. Aufl., Brooklyn N.Y. 1960

Goslin, N.: A Selected Annotated Bibliography on R & D Management, Indiana Bureau of Business Research, Indiana University 1966

Goetze, Fritz: Ausmaß, Wege und Auswirkungen staatlich geförderter Forschung und Entwicklung in den U.S.A., in: Wirtschafts- und Sozialpolitik, Informationsdienst für die Deutsche Wirtschaft, Bonn, 18. 12. 1965

Griffith, Alison: The National Aeronautics and Space Act: A Study of the Development of Public Policy, Washington D.C. 1962

Grossbaum, John: Federal Support of Research Projects Through Contracts and Grants: A Rationale, 19 American Univ.L.Rev. 423 (1970)

Guicciardi, René: Grundlagen staatlicher Forschungspolitik, Zürich 1970

Gutowski, Armin: Konstruktions- und Entwicklungsaufträge, Ein Beitrag zur Beschaffungspolitik der Öffentlichen Hand (Veröffentlichungen des Forschungsinstitutes für Wirtschaftspolitik an der Universität Mainz, Bd. 11), Heidelberg 1960

Hannah, Paul: Regulation of Industry through Government Contracts — Have we reached the Point of Diminishing Returns?, 21 Business Lawyer, 247 (1965)

Harris, Joseph: Congressional Control of Administration, Washington D.C. 1971

Havard, William: Government and Politics of the United States, New York, Evanston, London 1965

Henrich, Dieter: Einführung in das englische Privatrecht, Darmstadt 1971

Hering, Eugen: Über die gerichtliche Kontrolle der Verwaltung in den USA, DVBl. 1961, S. 645

Hitch, Charles, Decision Making for Defense, Berkely 1965

Hoffman, Kenneth: Standing of Private Parties to Vindicate the Public Interest, 50 Boston Univ.L.Rev. 417 (1970)

Hollis, James: Federal Government Contracting: The Legal Debate Regarding NASA Service Contracts, 2 National Contract Management Journal, 91 (1968)

Huard, Leo: The 1966 Public Information Act: An Appraisal without Ethusiasm, 2 Public Contract L.J. 213 (1969)

Jaffee, Louis und Nathaniel *Nathanson:* Administrative Law, Cases and Materials, 2. Aufl., Boston und Toronto 1961

Jaffee, Louis: Judicial Review: Question of Fact, 69 Harvard L.Rev. 1020 (1956)

— Judicial Control of Administrative Action, Boston und Toronto 1965

— Standing to Secure Judicial Review: Public Actions, 74 Harvard L.Rev. 1265 (1961)

— Standing to Secure Judicial Review: Private Actions, 75 Harvard L.Rev. 255 (1961)

— Standing Again, 84 Harvard L.Rev. 633 (1971)

Johnson, Arthur: Government — Business Relations, Columbus 1963

Johnson, Nicholas: The Second Half of Jurisprudence: The Study of Administrative Decisionmaking, 23 Stanford L.Rev. 173 (1970)

Keller, Robert: GAO's Right of Examination of Contractors Records — The History — GAO's Interpretation — A Court Decision, 1 Contract Management Journal 24 (1967)

Kipps, Clarence: A Unique National Court: The U.S. Court of Claims, 53 Fed.Bar.J. 1025 (1967)

Kirst, Michael: Government without Passing Laws, Durham 1969

Lockhart, William, Yale *Kamisar* und Jesse *Choper:* Constitutional Law, Cases — Comments — Questions, 2. Aufl., St. Paul 1967; supplement zu 2. Aufl., St. Paul 1968

Lupton, George: Government Contracts Simplified, Washington D.C. 1954

Machinery and Allied Products Institut (Hrsg.): Comptroller General Decisions on Technical Data and Related Patent Problems, Washington D.C. 1964

— The Governmment Contractor and the General Accounting Office, Washington D.C. 1966

Mathews, Charles: Management Aspects of Manned Space Flight Programs, 21 International Astronautical Congress (Vortrag), Konstanz 1970

Mc Bride und *Wachtel:* Government Contracts, Cyclopedic Guide to Law — Administration — Procedure, Albany, San Francisco, New York 1963

Mc Intosh, Charles: As Salesmen See You, 11 Armed Forces Management, Washington D.C. 1964

Miller, Arthur: Administrative Discretion in the Award of Federal Contracts, 53 Michigan L.Rev. 781 (1955)

— Administration by Contract: A New Concern for the Administrative Lawyer, 36 New York Univ.L.Rev. 957 (1961)

— Administration by Contract: An Examination of Governmental Contracting-Out, 31 George Washington L.Rev. 685 (1963)

— Government Contracts and Social Control: A Preliminary Inquiry, 41 Va.L.Rev. 27 (1955)

Miller, Arthur und Theodore *Pierson:* Observations on the Consistency of Federal Procurement Policies with other Goverment Policies? 29 Law & Contemporary Problems, 277 (1964)

Mills, C. Wright: The Power Elite, London, Oxford, New York 1956

Mitchell, J. C. B.: The Contracts of Public Authorities. A comparative Study, London 1954

Morstein Marx, Fritz: Amerikanische Verwaltung, Hauptgesichtspunkte und Probleme (Schriftenreihe der Hochschule Speyer, Bd. 15), Berlin 1963

Munves, W.: Requirements for Negotiation under 10 U.S.C. § 2304 (g), Remarks before the Briefing Conference on Government Contracts, Philadelphia 1968; veröffentlicht auch in: Appendix zu Teil 4 der Hearings on H.R. 474 to Establish a Commission on Government Procurement before a Subcommittee of the Housecommittee on Government Operations, 91 Cong., 1st Sess., S. 1259 (1969)

Nash, Ralf: Incentive Contracting: Government Contracts Monograph No. 7; Government Contracts Program, The George Washington University, Washington D.C. 1963

Nash, Ralf und Jesse *Lasken:* Procurement of Technical Data, in: Patents and Technical Data, Government Contracts Monograph No. 10, Government Contracts Program, The George Washington University, Washington D.C. 1967, S. 106

Nash, Ralf und John *Cibinic:* Federal Procurement Law, 2. Aufl., Washington D.C. 1969

Newman, Frank und Harry *Keaton:* Congress and the Faithful Execution of Laws — Should Legislators Supervise Administrators?, 41 California L.Rev. 565 (1954)

Nolan, Richard: The NASA Source Evaluation Board Process: A Descriptive Analysis, Houston 1967

Novick, David: What do we mean by Research and Development?, 3 California Management Rev. 9 (1960)

OECD (Organisation for Economic Cooperation and Development): Reviews of National Science Policy, United States, Paris 1968

Parker, Reginald: Das öffentliche Recht, Verfassungs- und allgemeines Verwaltungsrecht der Vereinigten Staaten von Amerika, Wien 1963

Parris, Addison: The Small Business Administration, New York, Washington D.C., London 1968

Pasley, Robert: Unconventional Methods of Procurement, Briefing Papers, No. 69.4, S. 1 (1969)

Paul, Jack: United States Government Contracts & Subcontracts, Los Angeles 1964

Peck, Merton und Frederic *Scherer:* The Weapons Acquisition Process: An Economic Analysis, Boston 1962

Perlman, Mathews: Selected Problems to be Considered by the Holifield Commission, ABA National Institut on „the Law of Public Contracts in the 70's", Washington D.C. 1970

Perlo, Victor: Militarism and Industry: Arms Profiteering in the Missile Age, Chicago 1963

Petrowitz, Harold: Conflict of Interest in Federal Procurement, 29 Law & Contemporary Problems 196 (1964)

Pierson, Richard: Standing to Seek Judicial Review of Government Contract Awards: Its Origins, Rationale and Effect on the Procurement Process, 12 Boston College Industrial and Commercial L.Rev. 1 (1970)

Proxmire, William: Report from Wasteland, America's Military-Industrial Complex, New York, Washington, London 1970

Rabel, Ernst: Deutsches und amerikanisches Recht, Zeitschrift für Ausländisches und Internationales Privatrecht, 16, S. 340 (1951)

Reck, Dickson: Government Purchasing and Competition, Berkeley und Los Angeles 1954

Rehbinder, Manfred: Die Informationspflicht der Behörden im Recht der Vereinigten Staaten, Berlin 1970

Reich, Charles: The New Property, 73 Yale L.J. 739 (1964)

Riegert, Robert: Das amerikanische Administrative Law, Eine Darstellung für deutsche Juristen, Berlin 1967

Roback, Herbert: Presenting Scientific and Technical Programs to the Congress, in: H. Orleans (Hrsg.): Science and Policy and the University, Washington D.C. 1968, S. 236

Rosholt, Robert: An Administrative History of NASA, Washington D.C. 1966

Rubel, John: R & D Contracts: Policies and Problems, in: Research & Development Contracting, Washington D.C. 1963, S. 21

Saferstein, Harvey: Nonreviewability: A Functional Analysis of „Committed to Agency Discretion", 82 Harvard L.Rev. 367 (1968)

Scharpf, Fritz: Judicial Review and the Political Question: A Functional Analysis, 75 Yale L.J. 517 (1966)

— Grenzen der richterlichen Verantwortung. Die political-question Doktrin in der Rechtsprechung des amerikanischen Supreme Court (Freiburger rechts- und staatswissenschaftliche Abhandlungen, Bd. 22), Karlsruhe 1965

Schoettle, Enid: The Establishment of NASA, in: St. Lakoff (Hrsg.): Knowledge and Power, New York 1967, S. 262

Schultz, Franklin: A Primer on the Public Information Act, 2 Publ. Contract L.J. 208 (1969)

Schwartz, Bernhard: American Administrative Law, New York und London 1958

Schwarz, David und Sidney *Jacobi:* Litigation with the Federal Government, Philadelphia 1969

Schwenk, Edmund: Grundzüge des amerikanischen Verwaltungsrechts, DVBl. 1958, S. 333

Simon, Leslie: A Lay Discussion of Operations Research, in: Lazure, A. und A. Murphy (Hrsg.): Research and Development Procurement Law, The Federal Bar Journal, Washington D.C. 1967

Spector, Louis: Anatomy of a Dispute, 20 Fed.Bar.J. 398 (1960)

Speidel, Richard: What should the Law Schools do about Federal Government Contracts?, 18 Journal of Legal Education, 71 (1961)

— Exhaustion of Administrative Remedies in Government Contracts, 38 New York Univ.L.Rev. 621 (1963)

Stekler, H. O.: The Structure and Performance of the Aerospace Industry, Berkeley und Los Angeles 1966

Stover, Carl: The Government Contract System as a Problem in Public Policy, 32 George Washington L.Rev. 701 (1964)

— The Government of Science, A Report to the Center for Study of Democratic Institutions, Santa Barbara, California 1962

Stone, Harlan: The Common Law in the United States, 50 Harvard L.Rev. 4 (1936)

The United State Court of Claims, A Symposium, 55 Georgetown L.J. 393 (1966)

Trowbridge vom Baur: Differences between Commercial Contracts and Government Contracts, 53 ABA J. 247 (1967)

— Remedies of Contractors with the Government, 8 William and Mary Rev. 469 (1967)

United States Government Organization Manual, 1969—1970, Washington D.C. 1969

US Air Force School of Systems & Logistics: Contract Law, Columbus 1965

US Department of Defense: Defense Procurement Handbook US Army FM 38-3; US Navy navmat P-12410; US Air Force AFP 70-1-6, Washington D.C. 1961

US Department of the Army: Cases and Materials on Government Contracts, Washington D.C. 1961

US Department of the Navy, Navy Contract Law, 2. Aufl., Washington D.C. 1961

US DOD and NASA: Incentive Contracting Guide, NASA NHB 5104,3A, Washington D.C. 1969

US NASA: Source Evaluation Board Manual, NPC 402, Washington D.C. 1964

US NASA: Phased Project Planning Guide, NHB 7121,2, Washington D.C. 1968

US Cong., House of Repr.: Hearings on Systems Development and Management before a Subcommittee of the Committee on Government Operatons, 87th Cong., 2nd Sess., pts. 1—5 (1962)

— GAO Bid Protest Procedures, 18th Report based on a Study by the Legal and Monetary Affairs Subcommittee of the Committee on Government Operations, 90th Cong., 2nd Sess., Report No. 1134 (1968)

— Hearings on Pyramiding of Profits and Costs in the Missile Program, before the Committee on Government Operations, 87th Cong., 2nd Sess. (1962)

— Hearings on Comptroller General Reports to Congress on Audits of Defense Contracts before a Subcommittee of the House Committee on Government Operations, 89th Cong., 1st Sess. (1965)

— Department of Defense Appropriations for 1968, Committee on Appropriations, 90th Cong., 1st Sess., pt. 3 (1967)

— Apollo Program Management, Staff Study for the Committee on NASA Oversight of the Committee on Science and Astronautics, 91st Cong., 1st Sess., Serial C (1969)

— Hearings on H. R. 474, to establish a Commission on Government Procurement before a Subcommittee of the House Committee on Government Operations, 91st Cong., 1st Sess., pt. 1—8 (1969)

— Manned Space Flight, Present and Future, Staff Study for the Subcommittee on NASA Oversight of the Committee on Sience and Astronautics, 91th Cong., 2nd Sess., Serial K (1970)

US Cong., Senate: Bureau of the Budget Report to the President on Government Contracting for Research and Development, Senate Doc. No. 94, 87th Cong., 2nd Sess. (1962)

— Hearings on S. 1707, a Bill to establish a Commission on Government Procurement, before the Committee on Government Operations, 91st Cong., 1st Sess. (1969)

— Hearings on the Capability of GAO to Analyse and Audit Defense Expenditures, before the Subcommittee on Executive Organisation of the Committee on Government Operations, 91st Cong., 1st Sess. (1969)

US Cong., House of Repr. and Senate: Hearings on Economics of Military Procurement before the Subcommittee on Economy in Government of the Joint Economic Committee, 90th Cong., 2nd Sess., 1968

— Hearings on the Acquisition of Weapons Systems before the Subcommittee on Economy in Government of the Joint Economic Committee, 91st Cong., 1st Sess., pt. 1 (1969)

— Hearings on the Military Budget and National Priorities before the Subcommittee on Economy in Government of the Joint Economic Committee, 91st Cong., 1st Sess., pt. 1 (1969)

— Hearings on Economy in Government before a Subcommittee of the Joint Economic Committee, 91st Cong., 1st Sess., pt. 1 (1969)

Van Alstyne, Arvo: Judicial Protection of the Individual against the Executive of the United States of America, in: Gerichtsschutz gegen die Exekutive, Länderberichte, Bd. 2 (herausgegeben vom Max-Planck-Institut für ausländisches öffentliches Recht und Völkerrecht, Bd. 52), Köln, Berlin, Bonn, München 1970, S. 1123

Van Alstyne, William: The Demise of the Right-Privilege Distinction in Constitutional Law, 81 Harvard L.Rev. 1439 (1967)

Van Cleve, Harry: The Use of Federal Procurement to Achieve National Goals, 1961 Wis.L.Rev. 566

Welter, Erich: Der Staat als Kunde (Veröffentlichungen des Forschungsinstitutes für Wirtschaftspolitik an der Universität Mainz, Bd. 10), Heidelberg 1960

Whelan, John und Thomas *Dunigan:* Government Contracts: Apparent Authority and Estoppel, 55 Georgetown L.Rev. 830 (1967)

Whelan, John: A Government Contractors Remedies: Claims and Counterclaims, 42 Virginia L.Rev. 301 (1956)

Whelan, John und J. T. *Philipps:* Government Contracts: Emphasis on Government, 29 Law & Contemporary Problems 315 (1964)

Weissenstein, Robert: Anglo-Amerikanisches Rechtswörterbuch, Zürich 1950

Wildavsky, Aaron: The Politics of the Budgetary Process, Boston 1964

Woll, Peter: Administrative Law, The Informal Process, Berkeley and Los Angeles 1963

Young, Silock, Dunn: Journey to Tranquility, London 1969

Zangwill, Willard: Top Management and the Selection of Major Contractors at NASA, 12 California Management Rev. 43 (1969)

Note: The Blacklisted Contractor and the Question of Standing to Sue, 56 Nothwestern Univ.L.Rev. 911 (1962)

— The Comptroller General of the United States: The Broad Power to Settle and Adjust All Claims and Accounts, 70 Harvard L.Rev. 350 (1956)

— The Erosion of the Standing Impediment in Challenges by Disappointed Bidders of Federal Government Contract Awards, 34 Fordham L.Rev. 103 (1970)

— The Philadelphia Plan vs. the Chicago Plan: Alternative Approaches for Integrating the Construction Industry, 65 North Western Univ.L.Rev. 642 (1970)

Printed by Libri Plureos GmbH
in Hamburg, Germany